KB131489

ENJOY
일본어 메뉴판 읽기

ENJOY 일본어 메뉴판 읽기

지은이 황미진
펴낸이 임상진
펴낸곳 (주)넥서스

초판 1쇄 발행 2017년 9월 30일
초판 5쇄 발행 2018년 9월 20일

2판 1쇄 인쇄 2024년 5월 10일
2판 1쇄 발행 2024년 5월 15일

출판신고 1992년 4월 3일 제311-2002-2호
주소 10880 경기도 파주시 지목로 5
전화 (02)330-5500 팩스 (02)330-5555

ISBN 979-11-6683-874-3 13730

가격은 뒤표지에 있습니다.
잘못 만들어진 책은 구입처에서 바꾸어 드립니다.

www.nexusbook.com

ENJOY 일본어 메뉴판 읽기

황미진 지음

넥서스

구성 및 특징

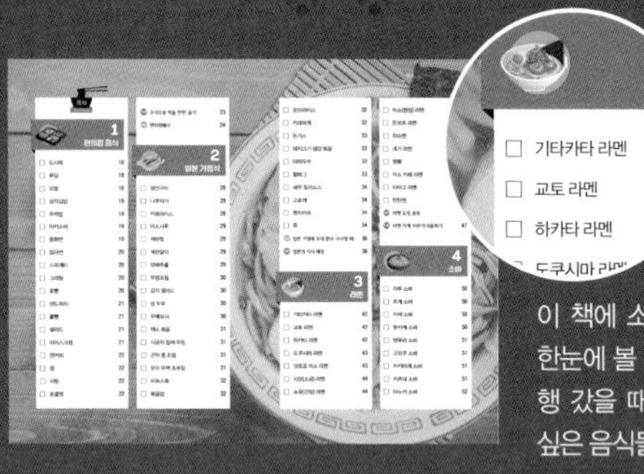

이 책에 소개한 일본 음식들을 한눈에 볼 수 있습니다. 일본 여행 갔을 때 먹어 볼 음식, 먹고 싶은 음식들을 체크해 보세요.

일본 음식의 종류별로 각각의 메뉴를 소개합니다. 한글로 발음 표기가 되어 있어 일본어를 몰라도 메뉴를 읽을 수 있습니다. 다 먹고 싶거나 어떤 것을 먹으면 좋을지 모르겠을 때는 추천 메뉴 BEST 중에 하나를 골라 보세요.

❶ 편의점 음식	❷ 일본 가정식	❸ 라멘
❹ 소바	❺ 우동	❻ 덴푸라
❼ 돈부리	❽ 사시미	❾ 스시
❿ 야키니쿠	⓫ 이자카야	⓬ 패스트푸드 & 패밀리레스토랑
⓭ 샤브샤브	⓮ 스키야키	⓯ 오코노미야키
⓰ 나베 요리	⓱ 카페	⓲ 빵 & 디저트

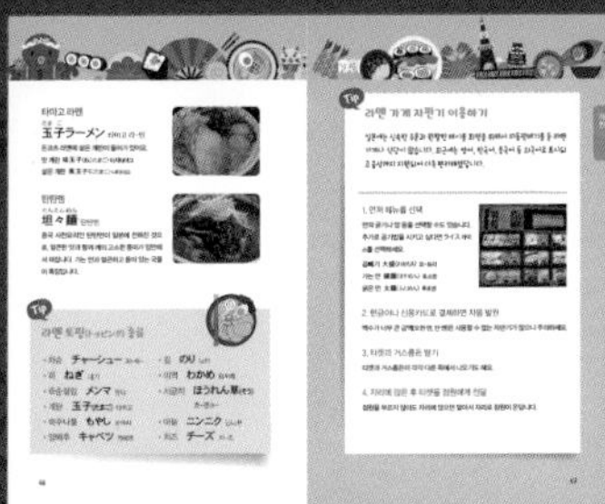

라멘 가게 자판기 이용하기, 스시를 맛있게 먹는 법, 일본인처럼 녹차 마시는 법, 일본의 회식 문화 등 일본 음식 메뉴와 함께 알아두면 유용한 정보들을 소개합니다.

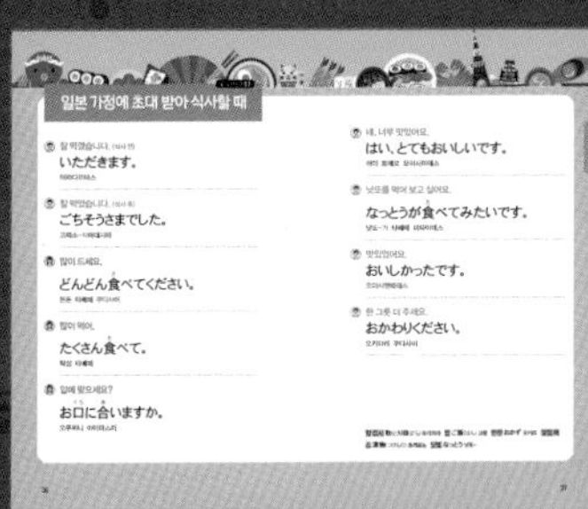

일본 음식점에서 필요한 일본어 표현들도 참고로 알아두세요. 식당에서 자주 쓰는 기본적인 회화 표현들은 188쪽에 나와 있습니다. MP3 파일은 넥서스 홈페이지에서 무료 다운 받으세요. www.nexusbook.com

식당에서 필요한 단어

육류

일본산 소고기	和牛
일본산 흑우	黒毛和牛
갈비	カルビ
안심	ロース
등심	ヒレ
설로인	サーロイン
안창살	ハラミ
소꼬리	牛テール
간	レバー
육회	ユッケ / 肉刺し
곱창	ホルモン
돼지고기	豚肉
삼겹살	豚バラ
양고기	羊肉
말고기	馬肉
말고기 회	馬刺し
닭고기	鶏肉 / チキン
가슴살	胸肉
날개살	手羽肉
닭날개	手羽先

권말에는 육류, 생선, 채소 등의 이름을 찾아보기 쉽게 정리해 두었습니다.

1 편의점 음식

2 일본 가정식

3 라멘

4 소바

5 우동

6 덴푸라

7 돈부리

8 사시미

9 스시

10 야키니쿠

11 이자카야

12 패스트푸드 & 패밀리레스토랑

13 샤브샤브

편의점 천국 일본! 편의점은 일본어로 コビニエンス·ストア(convenience store)를 줄여서 コンビニ[콤비니]라고 합니다. 대표적인 편의점으로 로손, 세븐일레븐, 미니스톱, 패밀리마트 등이 있어요. 일본 편의점에는 신제품, 기간 한정 제품, PB 제품 등 다양한 제품들이 있고, 안에 ATM 기계도 있고 복사나 프린트까지 할 수 있으니 자주 이용하지 않을 수가 없겠죠? 일본의 편의점에서 꼭 먹어 봐야 할 음식과 꿀팁들을 알려 드릴게요.

편의점 음식

도시락

弁当(べんとう) 벤또-

푸딩

プリン 푸링

오뎅

おでん 오뎅

삼각김밥

おにぎり 오니기리

샌드위치

サンドイッチ 산도잇찌

편의점 음식 이름

추천메뉴 BEST 3

1 도시락 弁当(べんとう) 벤또-

편의점에서뿐만 아니라 기차역에서 파는 도시락인 에키벤 駅弁(えきべん)이 있을 정도로 일본 사람들의 도시락 사랑은 남다릅니다. 다양한 종류와 저렴한 가격 때문에 식도락 여행의 별미로도 꼽히죠. 고급 니가타산 쌀 코시히카리 コシヒカリ로 지은 밥에 순살 닭튀김 からあげ 카라아게, 소갈비 牛(ぎゅう)カルビ 규-카루비, 돈가스 とんカツ 톤까쯔, 야채 등이 곁들여진 도시락은 한 끼 식사로 손색이 없습니다.

2 푸딩 プリン 푸링

고급 디저트 카페 부럽지 않은 푸딩 또한 편의점의 인기 메뉴 중에 하나랍니다. 일반적인 커스터드 푸딩 カスタードプリン 카스따-도푸링 외에도 망고 푸딩 マンゴープリン 망고-푸링, 말차 푸딩 抹茶(まっちゃ)プリン 맛챠푸링 등 종류가 다양합니다. 손쉽게 살 수 있는 편의점 푸딩이라고는 믿기지 않는 고급스러운 맛에 한 번 더 놀라게 될 거예요.

3 오뎅 おでん 오뎅

편의점 직원에게 일회용 용기를 받은 다음에 먹고 싶은 종류를 골라 계산한 후 드시면 됩니다. 다양한 식감의 어묵뿐만 아니라 소 힘줄, 유부 주머니, 무 등도 함께 맛보세요.

무 大根(だいこん) 다이꼰
계란 たまご 타마고
대롱 어묵 ちくわ 치꾸와
곤약 こんにゃく 콘냐꾸
반달형 어묵 はんぺん 한뻰
두부 豆腐(とうふ) 토-후
소시지 ウィンナー 윈나-

삼각김밥 おにぎり 오니기리

참치마요네즈 ツナマヨ 츠나마요

연어 鮭(さけ) 사께

명란 明太子(めんたいこ) 멘따이꼬

돼지고기김치 豚(ぶた)キムチ 부따키무찌

가다랑어포 おかか 오까까

주먹밥 おむすび 오무스비

おむすび는 둥근 모양의 주먹밥을 말합니다. 삼각김밥보다 밥 양도 더 많고 하나 먹고 나면 속이 든든하죠. 김말이처럼 말이 巻き(まき) 마끼 모양으로 된 것도 있어요.

야키소바 焼(や)きそば 야끼소바

야채와 고기 등을 넣어 볶은 일본식 볶음 국수입니다. 이자카야나 일본 음식점에서도 먹을 수 있는데, 편의점에서 파는 U.F.O. 야키소바도 인기가 높습니다.

중화면 中華麺(ちゅうかめん) 츄–까멘

냉면 冷麺(れいめん) 레–멘

중화냉면 冷(ひ)やし中華(ちゅうか) 히야시츄–까

컵라면

カップラーメン 캅뿌라–멘

ラ王(おう) 라오–

どん兵衛(べえ) 돈베–

カップヌードル 캅뿌누–도르

たぬき天(てん)そば 타누끼 텐소바

스파게티

スパゲッティ 스빠겟띠

미트소스 ミートソース 미–또소–스

카르보나라 カルボナーラ 카르보나–라

명란 明太子(めんたいこ) 멘따이꼬

일본풍 和風(わふう) 와후–

그라탕

グラタン 그라땅

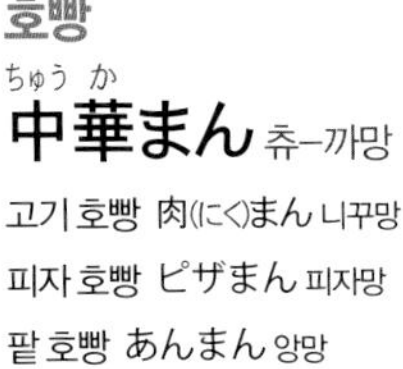

호빵

中華(ちゅうか)まん 츄–까망

고기 호빵 肉(にく)まん 니꾸망

피자 호빵 ピザまん 피자망

팥 호빵 あんまん 앙망

샌드위치

サンドイッチ 산도잇찌

햄 ハム 하무
계란 たまご 타마고
양상추 レタス 레따스
믹스 ミックス 믹끄스
치즈 チーズ 치-즈
참치 ツナ 츠나
치킨 チキン 치낀

롤빵

ロールパン 로-루빵

샐러드

サラダ 사라다

아이스크림

アイスクリーム 아이스끄리-무

딸기 いちご 이찌고
말차 抹茶(まっちゃ) 맛챠
초코 チョコ 쵸꼬
바닐라 バニラ 바니라

캔커피

缶(かん)コーヒー 캉코-히-

블랙 ブラック 브락끄

밀크 ミルク 미르끄

라떼 ラテ 라떼

카페오레 カフェオレ 카훼오레

껌

ガム 가무

민트 ミント 민또

풍선껌 フーセンガム 후-센가무

양치껌 歯(は)みがきガム 하미가끼가무

사탕

飴(あめ) 아메

캔디, 사탕 キャンディ 캰디

흑사탕 黒(くろ)あめ 쿠로아메

박하 ハッカ 학까

소다 ソーダ 소-다

밀크 ミルク 미르끄

복숭아 桃(もも) 모모

초콜릿

チョコレート 쵸꼬레-또

화이트 ホワイト 호와이또

말차 抹茶(まっちゃ) 맛챠

딸기 ストロベリー 스또로베리-

아몬드 アーモンド 아-몬도

생 초콜릿 生(なま)チョコレート 나마 쵸꼬레-또

Tip

조식으로 먹을 만한 음식

일본에는 카페나 패밀리레스토랑에서 아침 이른 시간부터 오전 11시까지 주문할 수 있는 모닝 세트가 많이 있습니다. 토스트와 삶은 달걀이 포함된 것이나 샌드위치 등이 있죠.

- 프렌치토스트 フレンチトースト 후렌찌토-스또
- 햄 샌드위치 ハムサンド 하므산도
- 핫도그 ホットドッグ 홋또독그
- 소시지 ソーセージ 소-세-지
- 베이컨 에그 ベーコンエッグ 베-꼰엑그
- 스크램블드에그 スクランブルエッグ 스끄람브르엑그
- 삶은 달걀 ゆでたまご 유데타마고
- 후르츠 요구르트 フルーツヨーグルト 후르-쯔요-구르또
- 버섯죽 きのこ雑炊(ぞうすい) 키노꼬조-스이
- 날계란밥 玉子(たまご)かけご飯(はん) 타마고카께고항

편의점에서

(도시락 등을) 데울까요?

温めますか。(あたた)

아따따메마스까

전자레인지에 데워 주세요.

チンしてください。

친시떼 쿠다사이

봉지 사용하세요?

袋はご利用ですか。(ふくろ, りよう)

후꾸로와 고리요-데스까

봉지에 담아 드릴까요?

袋に入れますか。(ふくろ, い)

후꾸로니 이레마스까

(봉투에) 따로 담을까요?

別々に入れますか。(べつべつ, い)

베쯔베쯔니 이레마스까

같이 넣어도 될까요?

一緒(いっしょ)にお入(い)れしてもよろしいですか。

잇쇼니 오이레시떼모 요로시–데스까

*대답할 때 yes이면 はい 하이, no이면 いいえ 이–에

빨대 드릴까요?

ストローおつけしますか。

스또로– 오쯔께시마스까

스푼 주세요.

スプーンお願(ねが)いします。

스뿌–운 오네가이시마스

나무젓가락 주세요.

わりばしお願(ねが)いします。

와리바시 오네가이시마스

나무젓가락 わりばし 와리바시 숟가락 スプーン 스뿌–운 빨대 ストロー 스또로– 봉지 袋(ぶくろ) 후꾸로 비닐봉지 ビニール袋(ぶくろ) 비니–루부꾸로 전자레인지 電子(でんし)レンジ 덴시렌지

요즘 나무 트레이에 밥과 국, 작은 반찬 등을 예쁘게 담아 제공하는 일본풍 식당이 많이 생겨났지요? 1인용으로 되어 있어서 왠지 대접받는 기분이 드는 이 상차림은 일본 식당의 정식 요리나 가정식 상차림에서 나온 것입니다. 이번 일본 여행에서는 스시나 우동같이 잘 알려진 음식 말고 일본 가정식 和食(わしょく) [와쇼꾸]에 도전해 보는 건 어떨까요? '매일 바뀌는 정식 日替(ひが)わり定食(ていしょく) [히가와리 테-쇼꾸]' 식당들도 많답니다.

일본 가정식

미소시루

みそしる
味噌汁 미소시루

계란찜

ちゃわんむ
茶碗蒸し 차왕무시

생선구이

や　ざかな
焼き魚 야끼자까나

니쿠자가

にく
肉じゃが 니꾸쟈가

카레라이스

カレーライス 카레-라이스

일본 가정식 메뉴판

추천메뉴 BEST 3

1 생선구이 焼(や)き魚(ざかな) 야끼자까나

일본식 생선구이는 생선에 소금을 쳐서 굽거나, 아니면 그냥 구워서 간장이나 무즙 大根(だいこん)おろし 다이꽁오로시를 곁들여 먹기도 합니다.

꽁치 さんま 삼마　정어리 いわし 이와시
전갱이 あじ 아지　이면수 ほっけ 혹께
고등어 さば 사바　연어 さけ 사께

2 니쿠자가 肉(にく)じゃが 니꾸쟈가

얇게 저민 소고기(혹은 돼지고기)와 감자, 양파 등 각종 채소를 넣고 간장, 설탕, 미림 등으로 달짝지근하게 조린 고기 감자조림입니다. 일본 각 가정에서 엄마의 손맛을 대표하는 음식이라고 볼 수 있죠.

3 카레라이스 カレーライス 카레-라이스

카레 또한 들어가는 재료와 카레 루의 맛에 따라서 그 가정마다의 특색을 엿볼 수 있는 음식입니다. 홈스테이를 했던 집의 주인아저씨가 만들어 주신 버섯카레 맛을 지금도 잊을 수 없답니다. 만든 다음 날 데워 먹는 카레 맛이 더 맛있다는 건 다들 아시죠?

매운 맛 辛口(からくち) 카라쿠찌　중간 맛 中辛(ちゅうから) 츄-카라
순한 맛 甘口(あまくち) 아마쿠찌

미소시루 味噌汁(みそしる) 미소시루

일본식 된장인 미소를 가쓰오부시, 멸치, 다시마 등을 우린 물에 풀어서 만든 국입니다. 그릇에 국을 담고 다진 파를 올리거나 조개, 어묵, 유부, 두부, 미역, 버섯 등을 넣어 맛을 내기도 합니다.

계란찜 茶碗蒸し(ちゃわんむ) 차왕무시

우리나라 계란찜보다 부드러워서 입안에서 살살 녹습니다.

계란말이 卵焼き(たまごや) 타마고야끼

だし巻(ま)き玉子(たまご) 다시마끼타마고라고도 합니다. 설탕이 들어가기 때문에 약간 단맛이 납니다.

양배추롤 ロールキャベツ 로-르캬베쯔

キャベツロール 캬베쯔로-르라고도 합니다.

우엉조림
キンピラ 킴삐라

감자 샐러드
ポテトサラダ 포떼또사라다

냉 두부
冷奴(ひややっこ) 히야얏꼬

연두부 위에 고명과 양념을 올린 음식입니다. 파, 무즙, 가쓰오부시 등을 올리고 간장을 곁들여 먹어요.

우메보시
梅干(うめぼ)し 우메보시

매실을 절인 것인데, 시큼하고 짠맛이 납니다. 일본인들은 즐겨 먹지만, 한국인 입맛에는 안 맞을 수도 있어요.

채소 볶음

や さいいた

野菜炒め 야사이 이따메

野菜(やさい) 야사이는 야채, 炒め(いため) 이따메는 볶음입니다.

시금치 참깨 무침

そう ご ま あ

ほうれん草の胡麻和え

호–렌소–노 고마아에

ほうれん草(そう) 호–렌소–는 시금치, 胡麻(ごま) 고마는 참깨입니다.

곤약 콩 조림

まめ にもの

こんにゃくと豆の煮物

콘냐꾸또 마메노 니모노

곤약은 일본 요리에 자주 등장하는 재료인데, 다이어트와 변비에 좋아요.

오이 미역 초무침

す もの

きゅうりとわかめの酢の物

큐–리또 와까메노 스노모노

きゅうり 큐–리는 오이, わかめ 와까메는 미역입니다. 酢(す) 스는 식초인데, 메뉴에 酢가 보이면 새콤한 맛을 생각하시면 돼요.

비프스튜

ビーフシチュー 비-후시츄-

치킨스튜 チキンシチュー 치낀시츄-

크림스튜 クリームシチュー 크리-므시츄-

볶음밥

チャーハン 챠-항

焼き飯(やきめし) 야끼메시라고도 합니다. 닭고기 조각을 넣고 볶으면 치킨라이스 チキンライス가 되죠.

오므라이스

オムライス 오무라이스

카라아게

唐揚(からあ)げ 카라아게

순살 닭튀김. 일본인들이 가정에서뿐만 아니라 이자카야에서 술안주로도 즐겨 먹습니다.

돈가스 豚(とん)カツ 돈까쯔

우리나라의 찹쌀떡처럼 일본에서는 시험을 앞둔 수험생들이 돈가스를 먹습니다. 돈가스의 カツ 카쯔가 '이기다'라는 뜻의 勝つ와 발음이 같기 때문이죠.

돼지고기 생강 볶음

しょうが焼(や)き 쇼–가야끼

불고기와 맛이 비슷해서 한국 사람 입맛에도 잘 맞습니다. 일본에서도 인기 만점 메뉴입니다.

마파두부

麻婆豆腐(まーぼーどうふ) 마–보–도–후

원래 중국 요리인데, 맛이 일본에 맞게 바뀌어 맵지 않고 달달합니다.

함바그

ハンバーグ 함바–그

아이들에게 인기 넘버원 메뉴입니다.

새우 칠리소스

海老(えび)のチリソース

에비노 치리소-스

海老(えび)チリ 에비치리라고도 합니다.

고로케 コロッケ 코롯께

소고기 ビーフ 비-후　　닭고기 チキン 치낀

카레 カレー 카레-　　계란 たまご 타마고

호박 かぼちゃ 카보쨔　　새우 えび 에비

베이컨 치즈 ベーコンチーズ 베-꼰치-즈

게살 크림 かにクリーム 카니크리-무

멘치카츠 メンチカツ 멘찌까쯔

민스커틀릿(mince cutlet)의 일본식 표기가 멘치카츠예요. 다진 소고기에 양파, 갖가지 채소 등을 넣고 빵가루를 입혀 튀겨낸 것인데, 만드는 사람에 따라서 모양, 크기, 속 재료가 다릅니다.

죽 お粥(かゆ) 오카유 雑炊(ぞうすい) 조-스이

お粥 오카유는 쌀에 물을 넣어 끓인 죽이고, 雑炊 조-스이는 육수에 밥을 넣어 끓인 죽입니다. 나베요리를 먹은 다음 남은 국물에 밥, 계란 등을 넣어서 끓여 먹는 것이 바로 조우스이예요.

생강 초절임

紅(べに)しょうが 베니쇼-가

잘게 채 썬 생강을 매실초에 절여 붉게 만든 것으로, 타코야키나 야키소바, 규동 등을 먹을 때 빼놓을 수 없는 단짝입니다.

가리

ガリ 가리

생강을 얇게 저며서 소금과 식초에 담근 것으로, 보통 초밥을 먹을 때 입가심용으로 먹습니다.

락교

ラッキョウ 락꾜-

쪽파처럼 생긴 염교라는 채소로 만드는데, 뿌리를 식초에 절인 것입니다. 초밥집이나 일본식 카레를 먹을 때 빠지지 않지요.

단무지

たくあん 타꾸앙

일본의 단무지는 일주일 정도 바깥에서 말린 무를 쌀겨에 절여 만듭니다. 우리나라 단무지에 비해 씹히는 식감이 조금 더 아삭합니다.

MP3 02

일본 가정에 초대 받아 식사할 때

잘 먹겠습니다. (식사 전)

いただきます。

이따다끼마스

잘 먹었습니다. (식사 후)

ごちそうさまでした。

고찌소-사마데시따

많이 드세요.

どんどん食(た)べてください。

돈돈 타베떼 쿠다사이

많이 먹어.

たくさん食(た)べて。

탁상 타베떼

입에 맞으세요?

お口(くち)に合(あ)いますか。

오쿠찌니 아이마스까

네, 너무 맛있어요.

はい、とてもおいしいです。

하이 토떼모 오이시이데스

낫또를 먹어 보고 싶어요.

なっとうが食(た)べてみたいです。

낫또-가 타베떼 미따이데스

맛있었어요.

おいしかったです。

오이시깟따데스

한 그릇 더 주세요.

おかわりください。

오카와리 쿠다사이

앞 접시 取(と)り皿(ざら) 토리자라 밥 ご飯(はん) 고항 반찬 おかず 오카즈 절임 채소 漬物(つけもの) 츠께모노 낫또 なっとう 낫또-

Tip

일본의 식사 예절

보통의 일본 가정에서는 식사 때 밥과 미소시루(된장국)에 주된 반찬 1가지, 부수적인 반찬 2가지를 먹습니다. 1식 3채, 즉 국 한 가지와 반찬 세 가지가 기본이죠. 좋아하는 음식만 골라 먹지 않고 반찬을 골고루 먹는 것이 식사 예절입니다. 식사는 조용히 하지만, 라멘 같은 면 요리를 먹을 때는 후루룩 하고 소리를 내서 먹는 것을 맛있게 먹는 것으로 여깁니다.

젓가락은 밥그릇 옆에 세로로 두지 않고 가로로 놓습니다. 즉, 젓가락이 밥그릇과 식사하는 사람 사이에 위치하죠.

왼손에 밥그릇을 들고 오른손으로 젓가락을 사용하여 먹습니다.

국을 먹을 때에도 젓가락을 사용합니다. 먼저 젓가락으로 건더기를 떠먹고, 한 번 휘저은 다음 국그릇에 입을 대고 국물을 마십니다.

다 같이 먹는 반찬이나 음식이 있을 경우에는 개인 접시에 조금씩 덜어서 먹습니다.

젓가락을 사용하지 않을 때는 젓가락 받침에 놓습니다. 받침이 없다면 젓가락이 담겨 있던 종이에 넣어 둡니다. 젓가락을 밥그릇 중앙에 꽂아 두거나 그릇 위에 올려놓으면 NG!

생선구이를 먹을 때 발라낸 뼈는 접시 가장자리로 모아둡니다. 같이 나오는 생강절임 はじかみ 하지까미는 생선을 먹은 후에 비린내를 없애기 위해 먹습니다.

일본 라멘의 종류는 크게 네 가지로 나눌 수 있습니다. 돼지뼈를 오래 끓여 만든 돈코츠 라멘 とんこつラーメン, 소금으로 간을 한 시오 라멘 しおラーメン, 간장 맛의 쇼유 라멘 しょうゆラーメン, 된장 맛의 미소 라멘 みそラーメン이죠.

일본 라멘은 지역에 따라 육수, 면의 굵기, 토핑 등이 다릅니다. 라멘의 맛을 내는 육수로는 돼지뼈, 가쓰오부시, 다시마, 멸치 등이 사용되고, 면의 굵기도 굵은 면, 가는 면, 반듯한 면, 꼬불꼬불한 면 등 다양합니다. 라면 위에 올리는 토핑으로는 삶은 돼지고기를 얇게 썬 차슈, 파, 삶은 계란, 죽순절임 등을 선택할 수 있습니다.

라멘

시오(소금) 라멘

塩(しお)ラーメン 시오라–멘

쇼유(간장) 라멘

醤油(しょうゆ)ラーメン 쇼–유라–멘

미소(된장) 라멘

味噌(みそ)ラーメン 미소라–멘

돈코츠 라멘

豚骨(とんこつ)ラーメン 톤꼬쯔라–멘

챠슈멘

チャーシュー麺(めん) 챠–슈–멘

라멘 메뉴판

일본의 지역 명물 라멘

1 기타카타 라멘

きたかた
喜多方ラーメン 키따까따라-멘

맑은 간장 국물의 시원하고 깔끔한 맛이 일품입니다. 넓게 펴서 만든 쫄깃쫄깃한 칼국수 같은 면에 간장, 돼지뼈, 해산물, 채소 등을 넣어 만드는데, 깊으면서도 산뜻한 맛을 전해 줍니다.

2 교토 라멘

きょうと
京都ラーメン 쿄-또라-멘

교토 하면 조미료 맛이 덜한 산뜻한 맛이 연상되지만, 교토 라멘은 닭뼈와 돼지뼈를 베이스로 한 국물에 야채를 첨가한 깊고 진한 맛입니다.

3 하카타 라멘

はかた
博多ラーメン 하까따라-멘

돼지뼈를 끓여 국물 맛을 내는 돈코츠 라멘 とんこつラーメン의 일종입니다. 진한 국물과 얇은 면이 특징인데, 위에 곁들이는 토핑에 따라 라면의 이름이 정해집니다. 삶은 돼지고기를 올리면 챠슈멘 チャーシュー面(めん), 다진 파를 잔뜩 올리면 네기 라멘 ネギラーメン이 되죠.

4 도쿠시마 라멘

<ruby>徳島<rt>とくしま</rt></ruby>ラーメン 토꾸시마라–멘

돼지뼈로 우려낸 국물에 진간장으로 간을 해 전반적으로 국물이 어두운 색을 띕니다. 삼겹살이 올려져 나오는데, 먹기 직전에 날계란을 올려서 먹는 게 특징입니다. 밥하고 같이 먹고 싶은 맛이에요.

5 삿포로 미소 라멘

札幌味噌ラーメン

(さっぽろ み そ)

삿뽀로미소라–멘

미소(된장)의 발상지인 삿포로 특유의 약간 짜고 매운맛이 나는 라멘으로, 잘게 썬 야채를 얹어 나옵니다. 기타카타 쇼유 라멘, 하카타 돈코츠 라멘과 함께 일본의 3대 라멘으로 꼽힙니다.

시오(소금) 라멘

しお
塩ラーメン 시오라-멘

소금으로 간을 맞춘 시오 라멘은 소금 외에 다른 것이 안 들어가기 때문에 양념보다는 국물에 충실한 라멘입니다. 흰 국물 맛이 깔끔해요.

쇼유(간장) 라멘

しょう ゆ
醤油ラーメン 쇼-유라-멘

우리나라 사람들의 입맛에 맞지 않는 특유의 향이 적기 때문에 한국 사람의 입맛에 가장 잘 맞는 라멘이라고도 할 수 있습니다.

미소(된장) 라멘

み そ
味噌ラーメン 미소라-멘

국물에서 미소 특유의 약간 짠맛이 납니다. 일본 라멘을 이야기할 때 가장 많이 언급되고, 또한 라멘을 대표할 만한 맛이라고 할 수 있습니다.

돈코츠 라멘

とんこつ
豚骨ラーメン 톤꼬쯔라-멘

돼지뼈를 푹 끓여내어 국물이 진하고, 면이 얇은 것이 특징입니다.

차슈멘

チャーシュー麺(めん) 차-슈-멘

삶은 돼지고기를 얇게 썬 차슈가 올려져 있어요.

네기 라멘

ネギラーメン 네기라-멘

다진 파를 가득 올린 라멘입니다.

짬뽕

チャンポン 챰뽕

닭과 돼지 뼈로 육수를 우려내어 하얗고 진한 국물 맛이 특징입니다. 우리나라의 빨간 짬뽕 국물을 떠올리시면 안 돼요. 해산물이 듬뿍 들어간 나가사키 짬뽕이 유명하지요.

미소 카레 라멘

味噌(みそ)**カレーラーメン** 미소카레-라-멘

미소 라멘 국물에 카레 가루를 넣어 카레 향을 살린 독특한 맛이 일품입니다. 토핑으로 차슈, 숙주, 버터, 미역, 죽순 등이 올라갑니다.

타마고 라멘

玉子ラーメン(たまごラーメン) 타마고라-멘

돈코츠 라멘에 삶은 계란이 들어가 있어요.

맛 계란 味玉子(あじたまご) 아지타마고

삶은 계란 煮玉子(にたまご) 니타마고

탄탄멘

坦々麺(たんたんめん) 탄딴멘

중국 사천요리인 탄탄면이 일본에 전해진 것으로, 얼큰한 맛과 함께 깨의 고소한 향이 입안에서 퍼집니다. 가는 면과 얼큰하고 풍미 있는 국물이 특징입니다.

Tip

라멘 토핑(トッピング) 종류

- 차슈 チャーシュー 챠-슈-
- 파 ねぎ 네기
- 죽순절임 メンマ 멘마
- 계란 玉子(たまご) 타마고
- 숙주나물 もやし 모야시
- 양배추 キャベツ 캬베쯔
- 김 のり 노리
- 미역 わかめ 와까메
- 시금치 ほうれん草(そう) 호-렌소-
- 마늘 にんにく 닌니꾸
- 치즈 チーズ 치-즈

Tip

라멘 가게 자판기 이용하기

일본에는 신속한 주문과 원활한 테이블 회전을 위해서 자동판매기를 둔 라멘 가게나 식당이 많습니다. 최근에는 영어, 한국어, 중국어 등 외국어로 표시되고 음성까지 지원되어 더욱 편리해졌답니다.

1. 먼저 메뉴를 선택

면의 굵기나 양 등을 선택할 수도 있습니다. 추가로 공기밥을 시키고 싶다면 ライス 라이스를 선택하세요.

곱빼기 大盛(おおも)り 오-모리
가는 면 細麵(ほそめん) 호소멘
굵은 면 太麵(ふとめん) 후또멘

2. 현금이나 신용카드로 결제하면 자동 발권

액수가 큰 지폐(오천 엔, 만 엔)는 사용할 수 없는 자판기가 많으니 주의하세요.

3. 티켓과 거스름돈 받기

티켓과 거스름돈이 각각 다른 쪽에서 나오기도 합니다.

4. 자리에 앉은 후 티켓을 점원에게 전달

점원을 부르지 않아도 자리에 앉으면 점원이 자리로 찾아온답니다.

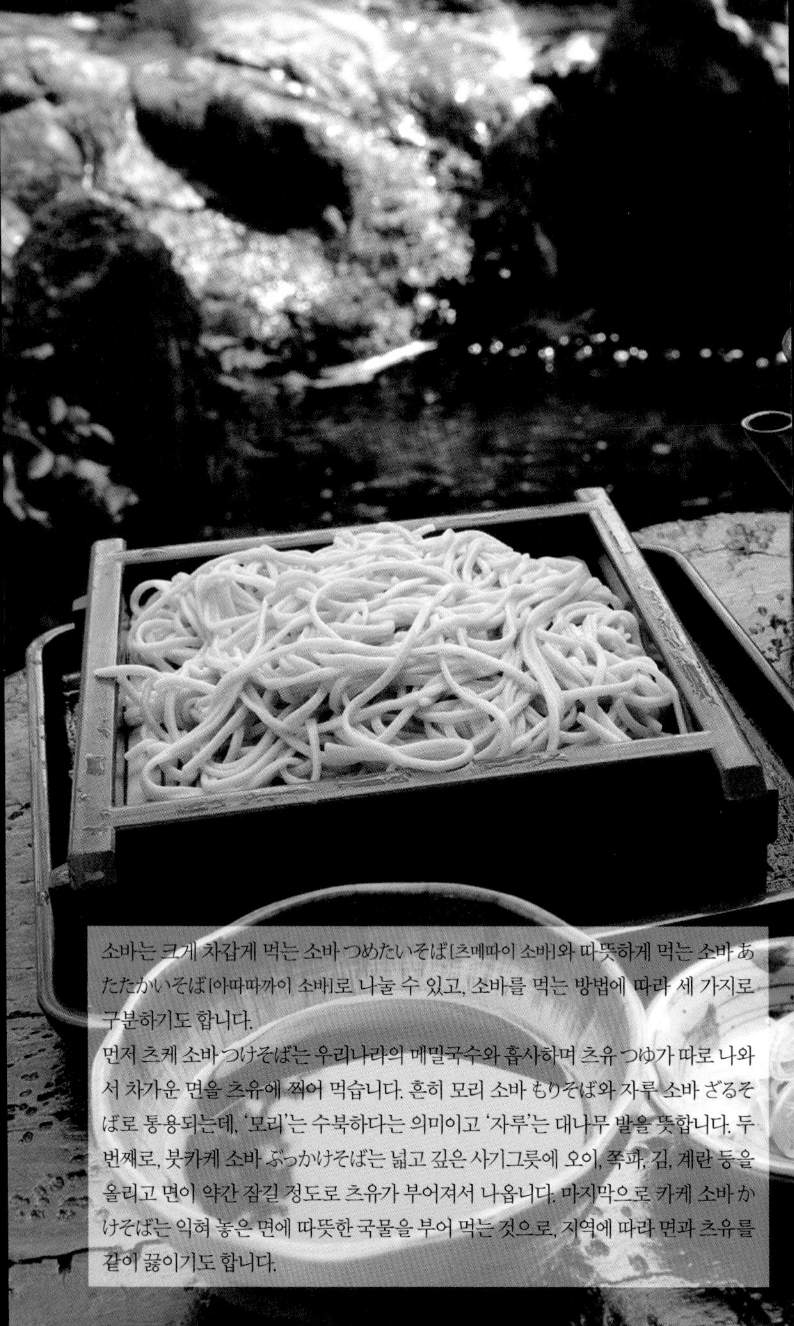

소바는 크게 차갑게 먹는 소바 つめたいそば [츠메따이 소바]와 따뜻하게 먹는 소바 あたたかいそば [아따따까이 소바]로 나눌 수 있고, 소바를 먹는 방법에 따라 세 가지로 구분하기도 합니다.

먼저 츠케 소바 つけそば는 우리나라의 메밀국수와 흡사하며 츠유 つゆ가 따로 나와서 차가운 면을 츠유에 찍어 먹습니다. 흔히 모리 소바 もりそば와 자루 소바 ざるそば로 통용되는데, '모리'는 수북하다는 의미이고 '자루'는 대나무 발을 뜻합니다. 두 번째로, 붓카케 소바 ぶっかけそば는 넓고 깊은 사기그릇에 오이, 쪽파, 김, 계란 등을 올리고 면이 약간 잠길 정도로 츠유가 부어져서 나옵니다. 마지막으로 카케 소바 かけそば는 익혀 놓은 면에 따뜻한 국물을 부어 먹는 것으로, 지역에 따라 면과 츠유를 같이 끓이기도 합니다.

소바

자루 소바

ざるそば 자루소바

츠케 소바

つけそば 츠께소바

카케 소바

かけそば 카께소바

붓카케 소바

ぶっかけそば 붓까께소바

소바 메뉴판

소바의 종류

1 자루 소바 ざるそば 자루소바

우리나라의 메밀과 흡사하며 소바를 차갑게 하여 츠유 つゆ에 찍어 먹는 것으로, 모리 소바 もりそば라고도 합니다.

2 츠케 소바 つけそば 츠께소바

면을 츠유에 찍어 먹는 것을 총칭하는 말입니다. 차갑게 먹는 모리 소바와 자루 소바는 츠케 소바의 대표적인 메뉴지요.

3 카케 소바 かけそば 카께소바

카케 소바의 '카케'는 음식에 소스나 육수를 '친다', '붓는다'는 의미인데, 익혀 놓은 소바 면에 따뜻한 국물을 부어 먹는 것을 말합니다. 지역에 따라 면을 츠유와 같이 끓여서 만들기도 합니다.

4 붓카케 소바 ぶっかけそば 붓까께소바

그릇에 담긴 소바 위에 오이, 쪽파, 김, 계란 등을 올리고, 면이 약간 잠길 정도로 츠유를 부어 먹습니다. 차갑게 해서 먹는 붓카케 소바는 여름 최고의 별미입니다.

덴푸라 소바

天ぷらそば(てん) 텐뿌라소바

역시 덴푸라의 최고봉은 새우튀김! 바삭하게 튀긴 새우가 올라간 덴푸라 소바는 더 설명이 필요 없지요.

고모쿠 소바

五目そば(ごもく) 고모꾸소바

토핑으로 야채, 계란, 버섯 등이 들어갑니다. 깔끔하고 담백한 소바 고유의 맛을 제대로 느낄 수 있어요.

카키아게 소바

かき揚げそば(あ) 카끼아게소바

카키아게는 야채튀김을 말합니다. 소바 한 입, 카키아게 한 입 번갈아 먹다 보면 미소가 절로 나올 거예요.

키츠네 소바

きつねそば 키쯔네소바

여우(きつね)가 좋아하는 유부를 토핑으로 얹은 소바입니다. 부드러운 유부와 함께 소바를 즐겨 보세요.

타누키 소바

たぬきそば 타누끼소바

튀김 부스러기 天(てん)かす 텐까스를 얹은 소바입니다.

츠키미 소바

月見(つきみ)そば 츠끼미소바

달걀의 노른자는 달, 흰자는 구름처럼 보여서 달을 본다는 의미의 츠키미 月見(つきみ)란 이름이 붙었습니다.

오로시 소바

おろしそば 오로시소바

무를 갈은 다이콘오로시 大根(だいこん)おろし가 올려져 나옵니다.

산사이 소바

山菜(さんさい)そば 산사이소바

산나물이 나오는 소바로, 건강에도 좋습니다.

난반 소바

なんばん
南蛮そば 난반소바

고기와 파를 넣고 끓인 츠유에 면을 곁들인 소바입니다. 츠유의 재료에 따라 카모난반(かも 오리), 니쿠난반(にく 고기)이라 불립니다.

텐난반 소바

てんなんばん
天南蛮そば 텐난반소바

난반 소바 위에 덴푸라를 올린 소바입니다.

카레 난반 소바

なんばん
カレー南蛮そば 카레-난반소바

카레를 섞어 만든 츠유가 색다른 맛을 냅니다.

나메코 소바

なめこそば 나메꼬소바

버섯이 들어간 따뜻한 국물이 일품입니다.

와카메 소바

わかめそば 와까메소바

わかめ 와까메는 미역이라는 뜻이에요. 즉, 미역이 들어 있는 소바입니다.

청어 소바

にしんそば 니신소바

청어 조림을 토핑으로 얹은 소바로, 홋카이도와 교토가 유명합니다. 생선을 좋아하는 사람에게 추천합니다.

오카메 소바

おかめそば 오까메소바

가마보코 어묵과 표고버섯이 들어 있어요.

아와유키 소바

泡雪そば (あわゆき) 아와유끼소바

따뜻한 국물에 계란 흰자로 거품을 만들어 얹은 소바입니다.

자루와 세이로

소바 전문점에서 소바가 담아 나오는 용기는 뭐라고 할까요? 츠케 소바를 주문하면 자루 笊(ざる)나 세이로 せいろ에 담아 나옵니다. 둘 다 대나무로 만든 것인데 형태가 조금 다르죠.

Tip

소바에 넣어 먹는 재료

츠유, 장국 つゆ 츠유	와사비 わさび 와사비	김 のり 노리
무즙 だいこん 大根おろし 다이꽁오로시	산마즙 とろろ 토로로	미역 わかめ 와까메
오이 きゅうり 큐-리	덴푸라 てん 天ぷら 텐뿌라	유부 あぶら あ 油揚げ 아부라아게
가마보코 かまぼこ 蒲鉾 카마보꼬	튀김 부스러기 てん 天かす 텐까스	あ だま 揚げ玉 아게다마

산마즙

튀김 부스러기

가마보코

Tip

소바를 맛있게 먹는 방법

츠유는 작은 술병 모양의 토쿠리 徳利(とくり)라는 그릇에 담겨 있는데, 츠유 그릇에 츠유를 1/3 정도 붓고 와사비와 파를 넣은 후 소바를 찍어 먹습니다. 먹는 동안 츠유의 맛이 싱거워지면 토쿠리에 담긴 츠유를 새로 부어가며 먹으면 됩니다. 소바를 츠유에 1/3 정도 찍어 먹으면 맛과 향을 충분히 음미할 수 있는데, 기호에 따라서는 소바를 츠유에 듬뿍 담갔다 먹기도 합니다.

일본에서는 소바나 라멘, 우동 같은 면 요리를 먹을 때 후루룩 소리를 내며 먹는 것을 맛있게 먹는 것으로 생각하니, 소리를 내지 않으려고 조심하지 않아도 됩니다.

소바를 다 먹은 다음에는 남은 츠유에 소바를 삶은 물인 소바유 蕎麦湯(そばゆ)를 부어 마시는데, 이는 메밀의 소화를 도와줍니다. 소바 전문점에서는 손님의 식사 속도에 맞추어 따뜻한 소바유를 유토우 湯桶(ゆとう)라는 작은 주전자에 담아서 내주기도 합니다.

우동을 먹으러 일본 본고장으로 여행을 떠나는 사람들도 있지요. 우동 면발은 부드러우면서도 쫄깃하게 씹히는 '코시 コシ(면의 탄력)'가 생명입니다.

우리에게도 친숙한 이름의 사누키 우동은 일본 사누키 현(오늘날의 카가와 현)에서 생긴 것으로, 면발이 매끄럽고 탱탱하고 쫄깃쫄깃한 것으로 유명합니다. 우리나라 우동과의 차이점을 들자면 이 면의 질감이 아닐까 싶네요.

보통 따뜻하게 먹는 우동 외에도 차갑게 해서 먹는 붓카케 우동 ぶっかけうどん이나 야채나 고기 등과 함께 볶은 야키 우동 やきうどん 등 여러 종류가 있으니 다양한 우동의 맛을 느껴 보세요.

우동

카케 우동

かけうどん 카께우동

자루 우동

ざるうどん 자루우동

붓카케 우동

ぶっかけうどん 붓까께우동

야마카케 우동

山(やま)かけうどん 야마까께우동

덴푸라 우동

天(てん)ぷらうどん 텐뿌라우동

우동 메뉴판

추천메뉴 BEST 3

1 붓카케 우동

ぶっかけうどん 붓까께우동

삶은 우동에 다양한 토핑을 올리고 다시 국물을 조금 끼얹은 우동으로 기호에 따라 생강, 파, 와사비 등을 넣어 먹습니다. 다시 국물은 다시마, 가다랑어포, 멸치 등을 끓여 우려냅니다.

2 야마카케 우동

山(やま)かけうどん 야마까께우동

우동 위에 산마즙 とろろ 토로로를 부어 주는 것이 특징입니다. 지역에 따라서 토로로 우동 とろろうどん이라고 부르기도 합니다.

3 덴푸라 우동

天(てん)ぷらうどん 텐뿌라우동

오징어나 새우 등을 튀긴 덴푸라 天ぷら나 채소 튀김인 카키아게 かき揚げ 등을 얹은 우동입니다. 고소한 덴푸라가 우동과도 잘 어울립니다.

카케 우동

かけうどん 카께우동

뜨거운 츠유를 담은 그릇에 면을 넣고 잘게 썬 파를 토핑으로 올린 우동입니다. 스우동 素(す)うどん이라고 부르기도 합니다.

자루 우동

ざるうどん 자루우동

삶은 면을 찬물에 씻어 체(자루)에 담아내는 것으로, 츠유에 찍어 먹습니다.

츠케지루 우동

じる
つけ汁うどん 츠께지루우동

삶은 우동 면을 별도로 준비한 돼지고기와 버섯 등을 끓인 국물에 찍어 먹습니다.

가마아게 우동

かま あ
釜揚げうどん 카마아게우동

우동 면을 삶았던 국물도 함께 그릇에 담아 나옵니다.

미소니코미 우동

味噌煮込(みそにこ)みうどん 미소니꼬미우동

미소를 베이스로 한 국물에 생면을 넣고 끓인 우동입니다. 미소 국물이 고소해요.

야키 우동

焼(や)きうどん 야끼우동

고기, 야채와 함께 볶은 우동입니다. 위에 가쓰오부시를 뿌려 먹습니다.

키자미 우동

きざみうどん 키자미우동

잘게 썬 유부가 우동과 잘 어울려요.

키츠네 우동

きつねうどん 키쯔네우동

간장 조림한 유부가 맛을 돋워 줍니다.

타누키 우동

たぬきうどん 타누끼우동

토핑으로 올라가는 튀김 부스러기 天(てん)かす 텐까스가 고소해요.

츠키미 우동

月見(つきみ)うどん 츠끼미우동

카케 우동에 생달걀을 넣은 것입니다. 달걀의 흰자는 구름, 노른자는 달로 보인다고 해서 츠키미 月見(つきみ)라는 이름이 붙었습니다.

토지 우동

とじうどん 토지우동

반숙한 계란을 덮밥처럼 위에 올린 우동입니다. 타마고 토지 우동 卵(たまご)とじうどん이라고도 하고, 닭고기를 넣은 것은 오야코 우동 親子(おやこ)うどん이라고도 합니다.

치카라 우동

力(ちから)うどん 치까라우동

모찌 餅(もち)를 넣은 우동입니다. 일본에서는 모찌(떡)를 경사스러운 날에 먹는 전통이 있는데, 신으로부터 힘(力 치카라)을 얻기를 기원하며 우동에 모찌를 넣었다고 합니다.

오카메 우동

おかめうどん 오까메우동

어묵, 시금치, 닭고기 등 위에 올리는 토핑이 다양한데, 송이버섯이나 유바, 가마보코 등을 오카메(웃는 여자 얼굴의 탈) 모양으로 배치한 것이 특징입니다.

싯포쿠 우동

卓袱(しっぽく)うどん 싯뽀꾸우동

표고버섯 조림과 가마보코, 유바, 참나물 등을 토핑으로 올린 우동입니다. 교토의 싯포쿠 우동이 유명하죠.

앙카케 우동

あんかけうどん 앙까께우동

あんかけ 앙까께는 탕수육 소스같이 녹말을 걸쭉하게 풀어놓은 소스를 끼얹은 것을 말합니다.

카레 우동

カレーうどん 카레–우동

카레를 좋아하는 사람이라면 카레 우동도 꼭 먹어 보세요. 일본 카레의 진한 맛과 우동이 잘 어울립니다.

Tip

우동을 맛있게 먹는 방법

카케 우동

히야시 우동

우동을 비롯한 면 요리는 중국으로부터 전해진 것으로 알려져 있지만, 먹는 방법만큼은 일본에서 독자적으로 발전했습니다. 우동을 먹는 방법은 차게 해서 먹는 히야시 우동 冷うどん과 따뜻한 국물이 나오는 카케 우동 かけうどん이 다릅니다. 우선 히야시 우동 冷うどん은 우동을 삶아 찬물에 비벼 씻은 후 체나 돈부리 그릇에 담고, 잘게 썬 파와 와사비를 곁들인 츠유에 찍어 먹습니다.
그리고 카케 우동 かけうどん은 삶은 우동 면에 뜨거운 츠유를 붓고 잘게 썬 파와 튀김 부스러기 등을 곁들여 먹습니다. 양념을 한 유부, 덴푸라, 미역, 고사리 등 넣어 먹는 토핑의 종류가 다양합니다.

기름에 튀기는 포르투갈 요리가 일본에 전해져 에도 시대 때에 덴푸라 天ぷら로 발전하였습니다. 일본에는 정말 다양한 종류의 덴푸라가 있는데, 생선이나 채소 외에도 아이스크림, 곶감, 매실 장아찌, 성게알, 비스킷, 초밥 등을 튀기기도 합니다. 덴푸라는 일반적으로 무를 갈아 넣은 텐츠유 天つゆ에 찍어 먹거나 소금에 찍어 먹기도 하고, 산뜻하게 레몬 등의 과즙을 뿌려 먹기도 합니다. 우동이나 소바와 함께 먹기도 하고 밥 위에 얹어서 텐츠유를 뿌린 텐돈 天丼(てんどん)으로도 흔히 먹습니다.

덴푸라

새우튀김

海老(えび)の天(てん)ぷら 에비노 텐뿌라

단호박 튀김

かぼちゃの天(てん)ぷら 가보챠노 텐뿌라

보리멸 튀김

キスの天(てん)ぷら 키스노 텐뿌라

고구마튀김

さつまいもの天(てん)ぷら 사쯔마이모노 텐뿌라

카키아게

かき揚(あ)げ 카끼아게

덴푸라 메뉴판

추천메뉴 BEST 5

1 새우튀김

海老の天ぷら 에비노 텐뿌라

뭐니 뭐니 해도 새우가 최고지요. 튀김옷을 얇게 입혀 한 마리씩 튀겨낸 새우튀김을 한 입 베어 물면 바삭함과 고소함이 그대로 전해집니다. 海老에비는 새우인데, えび나 エビ라고 표기하기도 하니 메뉴판에서 고를 때 참고하세요.

2 단호박 튀김

かぼちゃの天ぷら

가보챠노 텐뿌라

바삭한 튀김옷과 달달한 단호박의 만남! 튀김의 느끼함은 사라지고 단호박의 부드럽고 달콤한 맛이 입맛을 사로잡습니다.

3 보리멸 튀김

キスの天ぷら 키스노 텐뿌라

담백하면서도 고소한 맛이 일품! 고급 일식 요리에서 보리멸 튀김은 절대 빠지지 않습니다.

4 고구마튀김

さつまいもの天(てん)ぷら

사쯔마이모노 텐뿌라

바로 튀겨낸 고구마튀김은 고구마의 단맛이 더욱 배가 되고 바삭함이 풍미를 더해 줍니다.

5 카키아게

かき揚(あ)げ 카끼아게

보통 도쿄 지역에서는 새우, 관자, 파드득 나물 등을 잘 버무려 튀기는데, 요즘은 들어가는 재료도 다양하고 종류도 많습니다. 쑥갓이나 생강 초절임 紅(べに)しょうが 베니쇼-가, 뱅어포, 벚꽃새우 桜(さくら)えび 사꾸라에비 등이 들어가기도 한답니다.

붕장어 튀김

あな ご てん
穴子天 아나고텐

붕장어 한 마리가 그대로 튀김으로!

소시지 튀김

てん
ソーセージ天 소-세-지텐

ウィンナー天 윈나-텐이라고도 해요.

비엔나 소시지 ウィンナーソーセージ 윈나-소-세-지

연근 튀김

てん
レンコン天 렝꼰텐

연근의 아삭아삭한 식감이 덴푸라와 잘 어우러집니다.

흰 살 생선 튀김

しろ み ざかなてん
白身魚天 시로미자까나텐

주로 보리멸 きす 키스, 뱀장어 あなご 아나고, 뱅어 しらお 시라오, 어린 은어 ちあゆ 치아유를 사용합니다.

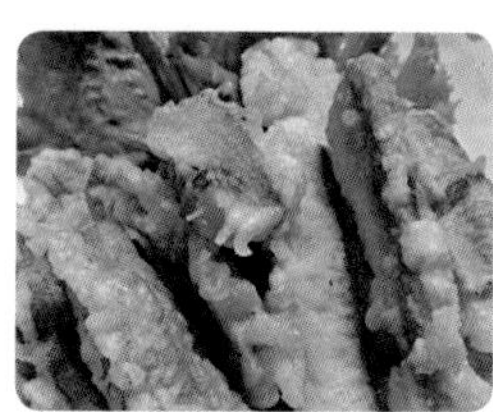

게맛살 튀김

かにかま天 카니까마텐

게맛살 かにかま 카니까마

오쿠라 튀김

オクラ天 오꾸라텐

오쿠라 オクラ는 일본에서 많이 먹는 채소 중 하나입니다. 모양은 고추와도 비슷한데 매운 맛은 없습니다.

팽이버섯 튀김

えのき天 에노끼텐

팽이버섯 えのきたけ 에노끼따께

표고버섯 튀김

しいたけ天 시이따께텐

표고버섯 しいたけ 시이따께

미니 토마토 튀김

ミニトマト天(てん) 미니토마또텐

반숙달걀 튀김

半熟玉子天(はんじゅくたまごてん) 한쥬꾸타마고텐

달걀은 한자로 玉子 또는 卵라고 표기하는데, 음식점 메뉴판에 たまご나 タマゴ라고 표기되어 있는 경우도 있습니다.

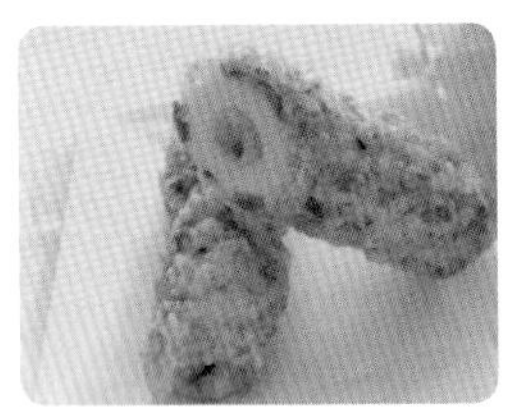

대롱어묵 튀김

ちくわ天(てん) 치꾸와텐

ちくわ 치꾸와는 어묵의 일종인데, 가운데 구멍이 뚫려 있으면서 기다란 모양을 하고 있습니다.

닭고기 튀김

鶏天(とりてん) 토리텐

모듬 튀김

天(てん)ぷら盛(も)り合(あ)わせ

텐뿌라 모리아와세

여러 가지 덴푸라가 나오기 때문에 다양한 종류의 덴푸라를 맛볼 수 있습니다.

채소 모듬 튀김

野菜天(やさいてん)ぷら盛(も)り合(あ)わせ

야사이텐뿌라 모리아와세

다양한 채소류의 덴푸라를 맛볼 수 있습니다.

덴푸라를 맛있게 먹는 방법

덴푸라는 기호에 따라 소금 혹은 무를 갈아 넣은 덴츠유 天(てん)つゆ에 찍어 먹습니다. 채소를 주재료로 한 덴푸라는 채소의 향미를 충분히 느끼기 위해 소금에 찍어 먹는 것이 일반적입니다. 덴푸라 전문점에서는 특색 있는 색과 향을 즐길 수 있도록 소금에 말차나 카레 가루를 섞어서 제공하기도 하죠.

덴푸라는 단품 요리로 먹기도 하지만, 밥이나 면과도 잘 어울립니다. 밥 위에 덴푸라를 얹고 덴츠유를 뿌린 덮밥 텐돈 天丼(てんどん)이나 덴푸라를 얹은 덴푸라 우동, 덴푸라 소바도 아주 맛있습니다.

Tip

일본인처럼 녹차 마시는 법

일본 영화나 드라마를 보면 집에 온수포트가 놓여 있고 차를 마시는 가족의 모습을 흔히 볼 수 있는데요, 일본 사람들은 집에서도 녹차를 자주 마십니다. 식후에는 녹차로 입가심을 하는 습관이 있어서 음식점에서 식사 후에 녹차가 나오기도 합니다.

녹차 티백을 사용하기보다는 찻잎을 직접 찻주전자에 넣고 뜨거운 물을 부어 차를 우려내어 마시는데요, 이때 물의 온도에 따라 우려내는 차의 향미 성분이 달라집니다. 그래서 일반적으로 많이 마시는 센차 煎茶(せんちゃ)의 경우 떫은맛을 줄이고 단맛을 끌어내기 위해 70~80도에서 우려내고, 반대로 향이 특징인 현미차, 호우지차, 중국차, 홍차는 100도의 뜨거운 물을 넣어서 향기와 떫은 성분을 우려냅니다.

그럼, 센차를 맛있게 우려내는 방법을 알아볼까요?

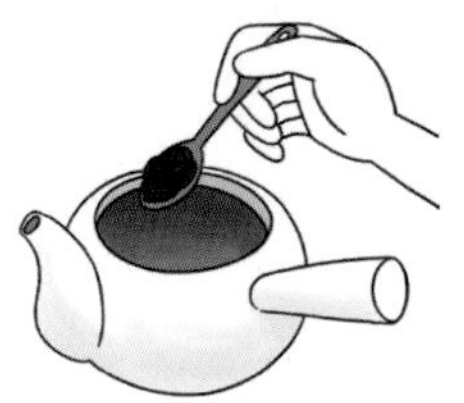

❶ 찻잎을 넣습니다.

(2인분 4g : 티스푼 2번)

❷ 고급 센차의 경우 뜨거운 물을 우선 찻잔에 옮겨 담습니다.

(물 온도 : 80℃)

※보통 센차일 경우는 온수포트의 물을 직접 찻주전자에 넣어도 됩니다.

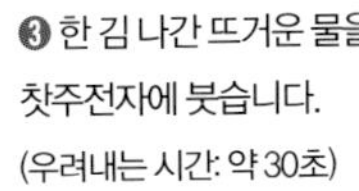

❸ 한 김 나간 뜨거운 물을 찻주전자에 붓습니다.

(우려내는 시간: 약 30초)

❹ 차에 물을 부을 때는 한 번에 가득 붓지 않고, 3회 정도로 조금씩 나누어 따릅니다. 여럿이 차를 마시는 경우엔 각 찻잔의 농도를 균일하게 맞추기 위해 번갈아서 물을 붓습니다.

돈부리 どんぶり는 덮밥이라는 뜻으로, 줄여서 돈 どん이라고도 합니다. 일본 여행을 하다 보면 요시노야 吉野屋(よしのや), 스키야 すき家(すきや), 마츠야 松屋(まつや)와 같은 소고기 덮밥 규동 牛丼(ぎゅうどん) 체인점들이 많이 눈에 띄는데요, 맛도 좋고 간단한 점심식사로 최고입니다. 보통은 자동판매기에서 메뉴 티켓을 구매하여 주문합니다. 사이즈를 선택할 때 盛(もり)[모리]라는 표현이 나오는데요, 이는 그릇에 담을 밥의 양을 말하니 본인에게 맞는 양을 고르면 됩니다.

ミニ	<	並盛(なみもり)	<	中盛(ちゅうもり)	<	大盛(おおもり)	<	特盛(とくもり)
미니		보통		중간		대, 곱빼기		특, 아주 많이

돈부리

규동

ぎゅうどん
牛丼 규-동

텐동

てんどん
天丼 텐동

오야코동

おやこどん
親子丼 오야꼬동

카츠동

どん
カツ丼 카쯔동

장어 덮밥

どん
うな丼 우나동

돈부리 메뉴판

추천메뉴 BEST 5

1 장어 덮밥 うな丼(どん) 우나동

에도 시대에 장어 음식점 주인이 밥 위에 장어 うなぎ 우나기를 얹어 팔았던 것이 우나동의 시작이라고 합니다. 보양식으로 비싼 장어를 먹긴 어려우나, 특제 소스를 발라 구운 장어를 올린 장어 덮밥은 맛과 가격을 둘 다 만족시킵니다.

2 규동 牛丼(ぎゅうどん) 규-동

소고기를 양파와 함께 달달하게 끓여서 밥 위에 올려 먹는 덮밥입니다. 생강 초절임인 베니쇼가 紅(べに)しょうが, 시치미 七味(しちみ), 날달걀 등을 기호에 따라서 곁들이기도 합니다.

3 텐동 天丼(てんどん) 텐동

돈부리 밥 위에 오징어, 새우, 양파, 가지, 시소 등을 튀겨 얹고 덴츠유 天(てん)つゆ를 끼얹은 덮밥입니다.

4 오야코동 親子丼(おやこどん) 오야꼬동

닭고기와 파 등을 양념해서 끓인 것에 계란을 얹은 덮밥입니다. 오야코 親子(おやこ)는 부모와 자식이란 뜻인데, 부모인 닭과 자식인 달걀이 함께 요리되었기 때문에 이런 이름이 붙은 것입니다. 닭고기 대신 소고기나 돼지고기를 사용하면 타닌동 他人丼(たにんどん)이 됩니다. 순수한 닭과 계란 사이가 아니라 타인이 섞여 들어갔다는 발상이지요.

5 카츠동 カツ丼(どん) 카쯔동

튀긴 돈가스를 4~5등분으로 자른 후 채 썬 양파와 소스를 넣고 양념장이 스며들도록 잠시 끓입니다. 여기에 달걀을 풀어 넣고 다시 한소끔 끓인 후 그릇에 담긴 밥 위에 얹어서 잘게 썬 김 등을 뿌려 먹습니다.

카이센동 海鮮丼(かいせんどん) 카이센동

일본식 회덮밥이라고 할 수 있는데요, 한국의 회덮밥과는 전혀 달라서 야채는 거의 들어가지 않고 식초를 가미한 밥 위에 다양한 해산물이 올라갑니다. 비벼 먹지 않고 젓가락으로 밥과 해산물을 떠서 와사비 간장에 찍어 먹습니다.

산쇼쿠동 三色丼(さんしょくどん) 산쇼꾸동

세 가지 색을 맛볼 수 있는 돈부리입니다. 일반적으로 다진 고기 볶음과 스크램블드 에그, 푸른 잎채소 무침을 밥 위에 얹습니다. 또는 닭고기와 계란, 시금치 등을 올리기도 합니다.

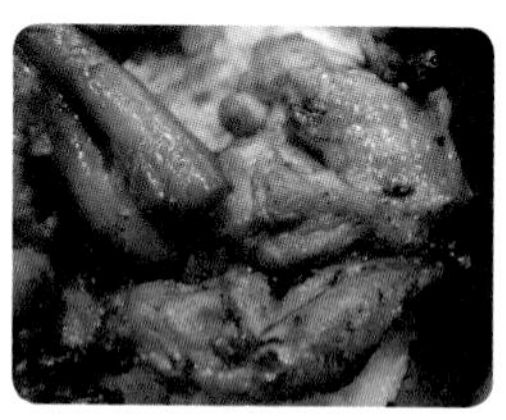

키지야키동 雉焼丼(きじやきどん) 키지야끼동

닭다리와 함께 꽈리고추가 들어 있어 고소하면서도 매콤한 맛이 납니다.

야나가와후동 柳川風丼(やながわふうどん) 야나가와후-동

일본의 전통 보양식 중 미꾸라지와 우엉, 계란이 들어간 야나가와 나베라는 전골 음식이 있는데, 야나가와후동은 미꾸라지 대신 닭고기 등을 넣어서 덮밥으로 재탄생한 것을 말합니다.

네기토로동

ねぎとろ丼(どん) 네기토로동

오토로 大(おお)トロ는 참치 중에서도 지방이 많은 뱃살 부위를 말합니다. 밥 위에 곱게 다진 오토로와 송송 썬 파를 올린 돈부리입니다.

츄우카동

中華丼(ちゅうかどん) 츄-까동

중화요리의 팔보채 덮밥에 해당합니다.

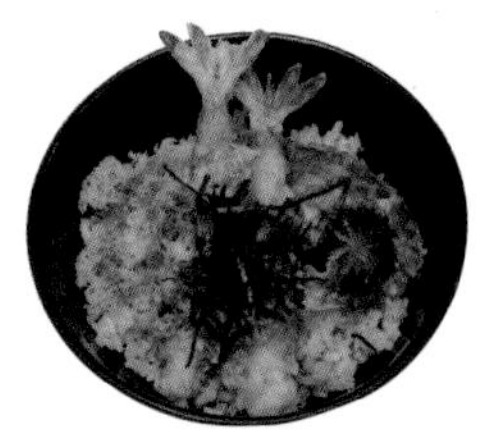

에비동

エビ丼(どん) 에비동

새우튀김을 올린 덮밥입니다.

이쿠라동

イクラ丼(どん) 이꾸라동

연어알 덮밥. 연어알을 イクラ 이꾸라라고 합니다.

우니동

うに丼(どん) 우니동

성게 덮밥. うに 우니는 성게.

타마동

玉丼(たまどん) 타마동

계란과 파를 넣은 덮밥. 타마고동 たまご丼(どん)이라고도 합니다.

시라스동

しらす丼(どん) 시라스동

생멸치 덮밥. 시라스 しらす는 한국 멸치보다 더 작고 수분기가 있습니다.

뎃카동

鉄火丼(てっかどん) 텟까동

생참치 덮밥. 그릇에 밥을 담고 그 위에 잘게 썬 김를 올린 후 참치 マグロ 마구로의 아카미 赤身(あかみ)를 담고 와사비와 무순을 곁들여 먹습니다. 아카미 赤身는 참치 중에서도 뱃살 부위의 붉은 살을 말해요.

Tip

돈부리 맛있게 먹는 방법

재료에 타레 タレ 소스를 끼얹거나 타레와 함께 끓여서 만든 돈부리는 재료에 양념이 배어 있기 때문에 그대로 먹으면 됩니다. 반면에 재료에 양념이 배지 않은 카이센동, 뎃카동, 네기토로동과 같은 덮밥은 와사비 간장을 끼얹어서 먹습니다. 기호에 따라서는 와사비 간장에 재료를 찍어 밥과 함께 먹기도 합니다.

Tip

조미료 & 소스

소금 しお 塩 시오	설탕 さとう 砂糖 사또–	간장 しょうゆ 醤油 쇼–유
된장 みそ 味噌 미소	식초 す 酢 스	고춧가루 とうがらし 唐辛子 토–가라시
마요네즈 マヨネーズ 마요네–즈	케찹 ケチャップ 케챱쁘	참깨 ゴマ 고마
참기름 ごまあぶら 胡麻油 고마아부라	양념장 たれ 타레	레몬즙 じる レモン汁 레몬지루
고추냉이 わさび 와사비	시치미 しちみ 七味 시찌미 고춧가루, 마, 파래가루, 깨, 겨자, 산초 등 7가지가 혼합된 조미료로, 음식의 맛을 한결 돋워 줍니다. 우동이나 소바 등의 국물이나 구이, 튀김에 뿌려 먹습니다.	야쿠미 やくみ 薬味 야꾸미 향이나 매운 맛을 더해서 음식의 맛을 살리기 위해 곁들이는 양념입니다. 소바나 우동 등의 면류나 나베 요리 등에 넣습니다. 실파, 무, 생강, 생강순, 와사비, 시치미 가루, 흰 깨, 김 등이 들어갑니다.

유자 드레싱

ゆずドレッシング

유즈 도렛싱그

유자 껍질과 유자 과즙을 샐러드 오일에 섞어 만든 드레싱으로, 새콤하고 달콤한 맛이 샐러드나 무침 요리에 잘 어울립니다.

일본식 드레싱

和風(わふう)ドレッシング

와후– 도렛싱그

간장을 베이스로 한 샐러드용 드레싱입니다. 양배추나 무 샐러드 등 일반적인 일본 요리와 잘 어울립니다.

유자 식초

ポン酢(ず) 폰즈

감귤류의 과즙으로 만든 일본의 대표적인 조미료입니다. 유자 등의 과즙에 미림, 술, 간장, 가쓰오부시를 섞어 소스로 만든 것인데, 주로 나베 요리나 샤브샤브의 건더기를 찍어 먹는 소스로 쓰입니다. 돈가스, 햄버거와 같이 기름기가 많은 음식을 먹을 때 담백하고 깔끔한 맛을 더하기 위해 먹기도 합니다.

참깨 소스

胡麻(ごま)ダレ 고마다레

참깨를 곱게 갈아 만든 소스로 고소한 맛이 납니다. 샤브샤브를 찍어 먹기도 하고, 채소 무침이나 샐러드에 뿌려 먹어도 맛있습니다.

튀김 간장, 텐츠유

天(てん)つゆ 텐쯔유

다시와 간장, 미림, 설탕을 끓여 만든 튀김용 간장입니다. 덴푸라를 먹을 때 같이 나오는데, 생강즙이나 무즙을 가미해 찍어 먹습니다.

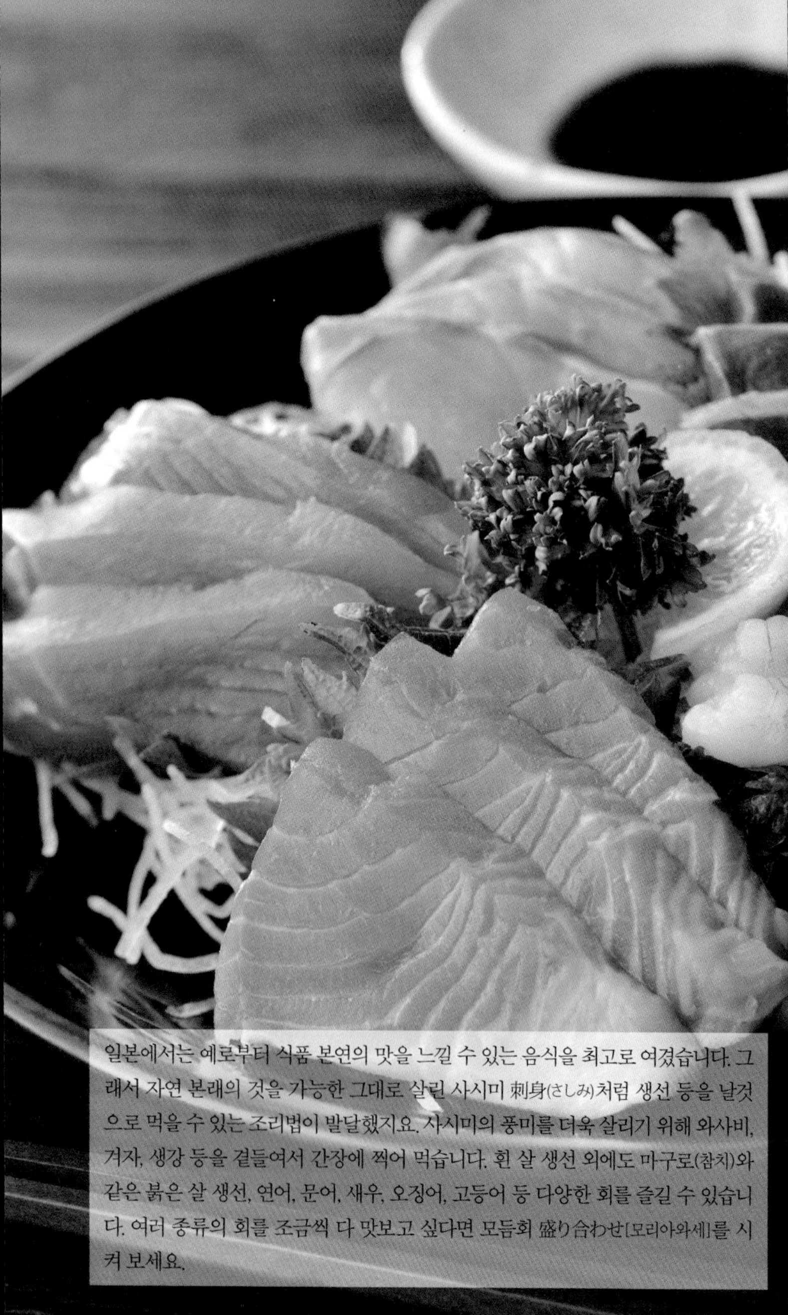

일본에서는 예로부터 식품 본연의 맛을 느낄 수 있는 음식을 최고로 여겼습니다. 그래서 자연 본래의 것을 가능한 그대로 살린 사시미 刺身(さしみ)처럼 생선 등을 날것으로 먹을 수 있는 조리법이 발달했지요. 사시미의 풍미를 더욱 살리기 위해 와사비, 겨자, 생강 등을 곁들여서 간장에 찍어 먹습니다. 흰 살 생선 외에도 마구로(참치)와 같은 붉은 살 생선, 연어, 문어, 새우, 오징어, 고등어 등 다양한 회를 즐길 수 있습니다. 여러 종류의 회를 조금씩 다 맛보고 싶다면 모듬회 盛り合わせ[모리아와세]를 시켜 보세요.

사시미

고등어

サバ 사바

전갱이

アジ 아지

가다랑어

カツオ 카쯔오

잿방어

カンパチ 캄빠찌

방어

ブリ 부리

사시미 메뉴판

추천메뉴 BEST 5

1 고등어 サバ (さば·鯖) 사바

고등어를 소금과 식초로 가공한 회로, 고등어 특유의 깊고 진한 맛이 쪼득한 고등어 회를 씹을 때마다 입안에 쫙 퍼집니다.

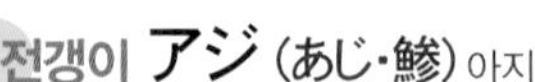

2 전갱이 アジ (あじ·鯵) 아지

일본에서는 전갱이 회를 최고로 여기고, 전갱이는 국민 생선이라고 할 정도로 식탁에 자주 등장합니다. 구이로도 많이 먹지요. 전갱이 회 맛을 보면 그 쫄깃함에 반하게 될 것입니다.

3 가다랑어 カツオ (かつお·鰹) 카쯔오

일본 횟감 시장에서 40% 정도의 높은 점유율을 차지하고 있는 가다랑어 カツオ 카쯔오는 우리나라에서는 대중적이지 않은 어종입니다. 여름에는 참치 회보다 가다랑어 회가 더욱 맛있답니다. 깊은 풍미와 부드러움에 눈이 스르르~

4 잿방어 カンパチ (かんぱち) 캄빠찌

방어보다 단단하고 더 쫄깃한 맛의 고급 생선입니다. 회로 먹어도 구워 먹어도 맛있어요.

5 방어 ブリ (ぶり·鰤) 부리

겨울철 방어 회는 뱃살에 기름기가 돌면서 그 맛이 최고랍니다. 부드러우면서 입안에서 녹는 맛이랄까요?

생선 사시미

참치

マグロ (まぐろ·鮪)

마구로

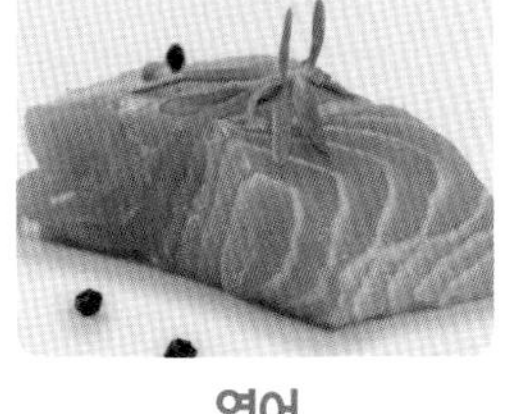

연어

サケ (さけ·鮭)

사께

꽁치

サンマ (さんま·秋刀魚)

삼마

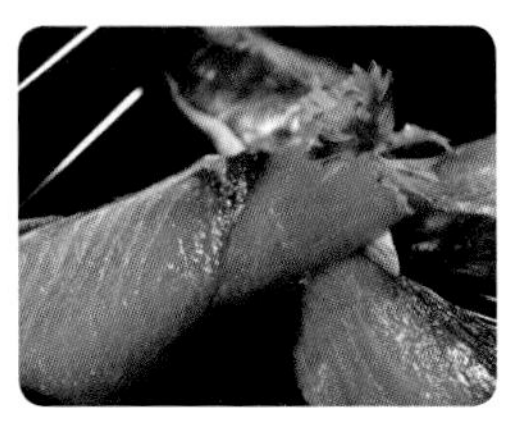

삼치

サワラ (さわら·鰆)

사와라

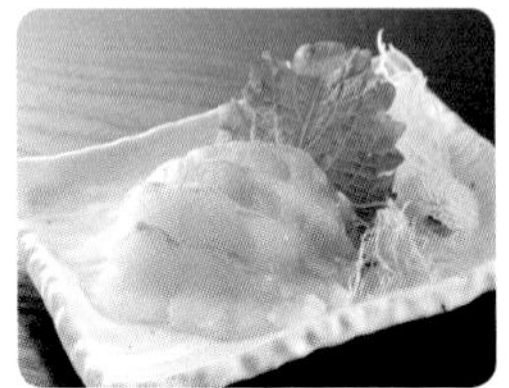

광어

ヒラメ (ひらめ·平目)

히라메

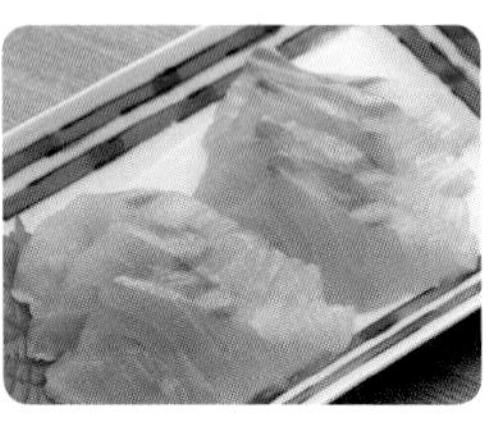

도미

タイ (たい·鯛)

타이

새끼 방어

ハマチ (はまち)

하마찌

갈치

タチウオ (たちうお·太刀魚)

타찌우오

농어

スズキ (すずき)

스즈끼

복어

フグ (ふぐ)

후구

장어

ウナギ (うなぎ·鰻)

우나기

Tip

참치 회 주문하기

우리나라 일식당에서도 마구로, 오토로 같은 일본 말이 그대로 쓰이는데요, マグロ 마구로는 참치를 말하고, 오토로와 츄토로는 참치의 부위명입니다.

中(ちゅう)**トロ** 츄–토로

참치의 배 부위로, 약간 지방이 많고 불그스름한 부분.

大(おお)**トロ** 오–토로

참치 중에 가장 지방이 많은 부위로, 가격이 제일 비쌈.

조개류 사시미

전복

アワビ (あわび·鮑)

아와비

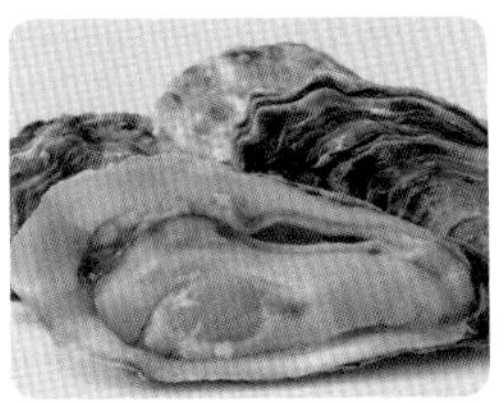

굴

カキ (かき·牡蠣)

카끼

소라

サザエ (さざえ)

사자에

가리비

ホタテガイ

(ほたてがい·帆立貝)

호따떼가이

연체류와 갑각류 사시미

문어

タコ（たこ）

타꼬

성게알

ウニ（うに·海栗）

우니

연어알

イクラ（いくら）

이꾸라

새우

エビ（えび·海老）

에비

해삼

ナマコ（なまこ·海鼠）

나마꼬

오징어

イカ（いか）

이까

스시의 재료로는 생선 외에도 생선 알, 조개, 계란, 야채 등도 있고, 날것이 아니라 조리한 음식을 재료로 사용하기도 합니다.

스시 종류는 다양한데, 우리가 흔히 알고 있는 밥 위에 생선 등을 올리는 것은 니기리즈시 握り寿司(にぎりずし)입니다. 밥과 재료를 김으로 말아 놓은 것은 마키즈시 巻き寿司(まきずし), 연어알이나 성게알을 올린 것은 군함말이 軍艦巻き(ぐんかんまき)[군깜마끼]라고 합니다. 한국의 회덮밥과 비슷하게 밥 위에 회와 해산물을 가득 얹어놓은 치라시즈시 ちらし寿司(ちらしずし)도 스시의 일종입니다.

스시

참치

マグロ 마구로

도미

タイ 타이

방어

ブリ 부리

광어

ヒラメ 히라메

고등어

サバ 사바

스시 메뉴판

추천메뉴 BEST 5

1 참치 マグロ (まぐろ·鮪) 마구로

참치 중에 기름기가 많고 전체적으로 약간 희게 느껴지는 부위를 토로 トロ, 그 중간쯤으로 약간 붉은 기가 있는 부위를 츄토로 中(ちゅう)トロ라고 합니다.

2 도미 タイ (たい·鯛) 타이

벚꽃이 피는 시기에 잡히는 것이 맛있고 색깔도 선명합니다. 깔끔하고 담백한 맛이 흰 살 생선 중에서는 최상급이지요.

3 방어 ブリ (ぶり·鰤) 부리

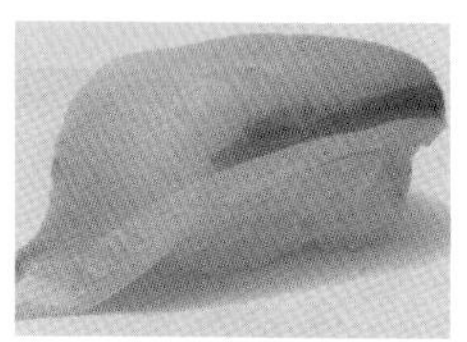

일본 전역에서 잡히는 방어는 비린 맛이 전혀 없고 부드러우며 고소한 맛이 납니다.

4 광어 ヒラメ (ひらめ·平目) 히라메

약간 향이 있고 살이 제대로 붙어 있어 흰 살 생선 중에 최고의 맛을 자랑합니다. 특히 가장자리 부분의 맛이 좋습니다.

5 고등어 サバ (さば·鯖) 사바

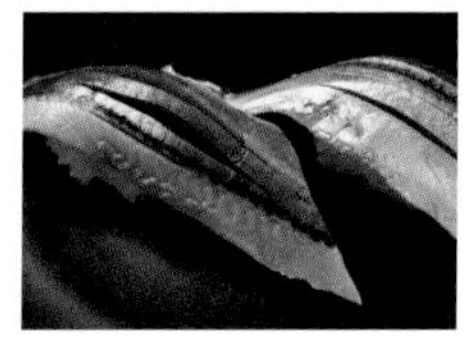

가을에서 겨울이 제철로, 옛날부터 사람들이 즐겨 먹던 대중적인 생선입니다. 다른 생선에 비해 쉽게 상하고 잘 부스러지기 때문에 보통 식초나 소금으로 조리해서 먹습니다.

전어 コハダ (こはだ) 코하다

일 년 내내 즐길 수 있으며 값 또한 저렴한 편입니다. 식초에 살짝 절여 맛을 내고, 고등어와 마찬가지로 표면이 빛나 히카리모노 ひかりもの(빛나는 것)라고도 합니다.

정어리
イワシ (いわし·鰯) 이와시

겨울이 제철로, 일본 어디서나 즐겨 먹습니다. 생선회로 먹어도 맛있고 지방이 약간 많은 편입니다.

오징어 イカ (いか) 이까

오징어는 봄부터 여름까지 많이 잡히는데요, 약간 도톰해서 씹히는 식감이 색다릅니다.

문어 タコ (たこ) 타꼬

날것으로 먹기도 하고 살짝 데쳐서 스시의 재료로 쓰입니다.

새우

エビ (えび·海老) 에비

맛이 달고 씹는 느낌이 좋습니다. 요즘에는 양식이 많아 일 년 내내 먹을 수 있지만, 자연산은 4~10월이 제철입니다.

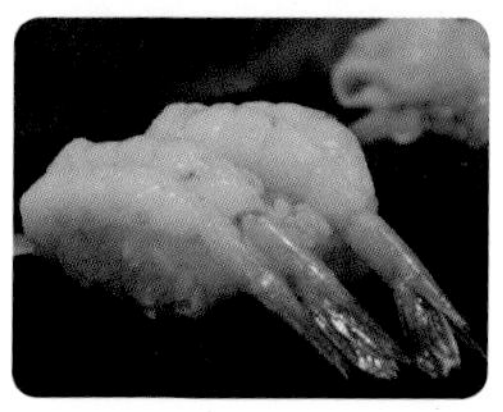

단새우

アマエビ (あまえび·甘海老)

아마에비

단맛이 나는 새우로, 투명하고 약간 푸른빛이 도는 것도 있습니다.

피조개

アカガイ (あかがい·赤貝)

아까가이

약간 비릿한 냄새가 나며 씹는 맛이 좋습니다.

가리비

ホタテガイ (ほたてがい·帆立貝)

호따떼가이

맛이 달착지근하고 씹는 느낌이 좋은 가리비는 스시의 재료로도 인기이고 구워 먹어도 맛있습니다.

성게알 ウニ (うに·海栗) 우니

우리나라에서도 우니 ウニ라는 일본어로도 통하죠. 산지에 따라 맛과 색에 약간 차이가 있지만, 일본 국내산은 가격이 비쌉니다. 수입품은 색이 진하고 알이 크죠.

연어알 イクラ (いくら) 이꾸라

이쿠라 イクラ라고 부르는 경우가 많은데요, 일본인들은 즐겨 먹지만 한국인 입맛에는 맞지 않을 수도 있어요.

마키 巻(ま)き 마끼

巻き 마끼는 '감다'라는 뜻인데요, 김이나 얇은 달걀부침 등으로 만 형태의 스시를 말합니다. 김으로 만 것을 노리마키 のり巻き라고 하는데, 그중에서도 다랑어의 붉은 살을 넣은 것을 뎃카마키 鉄火(てっか)巻き라고 합니다.

치라시즈시
ちらし寿司(ずし) 치라시즈시

한국의 회덮밥과 비슷하게 밥 위에 회와 달걀부침, 양념한 채소 등을 올린 것입니다. 한꺼번에 섞지 말고 젓가락으로 밥과 회 등을 같이 집어서 와사비 간장에 찍어서 먹습니다.

Tip

스시를 맛있게 먹는 방법

스시(니기리즈시)를 먹을 때는 스시의 밥 부분이 아니라 밥 위에 올린 재료의 가장자리에 간장을 살짝 찍어 먹는 것이 정석입니다. 카운터(스시 바)에 앉을 때는 스시를 손가락으로 집어 먹기도 하지만, 테이블 자리에 앉을 때는 젓가락으로 먹어야 합니다. 여러 종류의 스시를 먹을 때에는 담백한 재료부터 익힌 재료, 마키의 순으로 먹는 것이 이상적입니다. 그리고 다른 종류의 스시를 먹기 전에 가리(초생강)을 먹으면 입안이 개운해져서 생선의 맛을 제대로 음미할 수 있습니다.

스시용 밥 **しゃり** 샤리

스시 재료 **タネ** 타네 / **ネタ** 네따

간장 **醤油**(しょうゆ) 쇼-유

와사비 **わさび** 와사비

와사비를 뺌 **さびぬき** 사비누끼

식초에 절인 생강 **がり** 가리

랏쿄 **らっきょう** 락꾜-

사시미&스시 가게에서

모듬회로 합시다.

さしみ　　も　あ
刺身の盛り合わせにしましょう。

사시미노 모리아와세니 시마쇼–

모와사비는 빼 주세요.

ねが
さびぬきでお願いします。

사비누끼데 오네가이시마스

런치 세트 주세요.

ねが
ランチセット、お願いします。

란찌셋또 오네가이시마스

와사비 더 주세요.

わさび、もうちょっともらえますか。

와사비 모–쭛또 모라에마스까

카운터 자리에 앉아도 돼요?

せき　すわ
カウンター席に座ってもいいですか。

카운따–세끼니 스왓떼모 이–데스까

오마카세란?

한국의 고급 일식집 메뉴판에 '오마카세'라는 코스가 있는 것을 본 적이 있나요? 일본어로 '맡기다'라는 뜻인 오마카세 おまかせ는 메뉴를 정해 놓지 않고 주방장이 그날 가장 좋은 재료를 이용해 알아서 음식을 내오는 형식을 말합니다. 우리말로는 '주방장 특선' 정도가 될까요? '가장 좋은 재료'가 아닌 '가장 많이 남은 재료'를 쓴다고 말하는 이도 있지만, 보통은 시기에 따라 메뉴 구성이 달라지고 그때그때 주방장이 엄선한 제철요리를 즐길 수 있는 장점이 있답니다.
일본에서는 생선회나 초밥집뿐만 아니라 이탈리안 레스토랑이나 이자카야와 같은 술집에서도 오마카세 메뉴가 있습니다. 어떤 메뉴를 고를지 고민될 때 주방장의 인심을 느낄 수도 있는 그날의 요리들을 기대하며 오마카세를 주문해 보세요.

야키니쿠 焼肉(やきにく)는 '불(火)에 굽는(焼く) 고기(肉)'라는 뜻입니다. 일본의 야키니쿠는 우리나라 불고기와 달리 고기를 양념에 재우지 않고, 먹기 직전에 양념하여 간장으로 만든 타레 タレ 소스에 찍어 먹거나 부위에 따라서 소금을 찍어 먹기도 합니다.

우리나라는 고깃집, 곱창 가게가 따로 있지만, 일본의 야키니쿠 가게에서는 우설(소 혀)이나 내장류도 같이 먹을 수 있습니다. 일본은 기본적으로 1인분의 양이 100그램 전후로 한국보다 적다는 점을 감안하여 주문하세요. 그리고 김치, 반찬, 쌈 채소 등이 무료로 제공되지 않기 때문에 각각 비용을 지불하고 주문해야 합니다.

야키니쿠

갈비

カルビ 카르비

돼지갈비

豚(ぶた)カルビ 부따카르비

로스, 등심

ロース 로-스

야채 구이

焼(や)き野菜(やさい) 야끼야사이

우설, 소 혀

牛(ぎゅう)タン 규-딴

야키니쿠 메뉴판

추천메뉴 BEST 5

1 우설, 소혀 牛(ぎゅう)タン 규–딴

야키니쿠를 먹을 때 우설을 맨 먼저 골라서 먹어 보면 우설에 대한 선입견이 사라집니다. 부드러운 牛(ぎゅう)タン은 보통 소금에 찍어 먹습니다. 고급 우설 上(じょう)タン 죠–딴, 고급 우설 소금 上(じょう)タン塩(しお) 죠–딴시오, 보통 우설 소금 並(なみ)タン塩(しお) 나미딴시오, 특별히 맛있는 우설 ごくうまタン 고꾸우마딴 등의 이름으로 메뉴판에 등장합니다.

2 갈비 カルビ 카르비

고급 갈비 上(じょう)カルビ 죠–카르비는 소고기의 고급 갈빗살 부위로, 부드러워서 입에서 살살 녹습니다. 소스보다 소금에 살짝 찍어 먹으면 고기의 맛을 제대로 느낄 수 있어요.

3 돼지갈비 豚(ぶた)カルビ 부따카르비

달착지근한 소스에 절여서 나온 돼지갈비를 숯불에 구워서 먹으면 야들야들한 식감과 함께 웃음이 절로 나오죠.

4 로스, 등심 ロース 로–스

고급 등심 上(じょう)ロース 죠–로–스는 부드러우면서도 약간의 질감이 있습니다. 기름기가 많이 도는 고기보다 단백하면서 씹는 맛을 느끼고 싶은 분들께 추천합니다.

5 야채 구이 焼(や)き野菜(やさい) 야끼야사이

마늘 구이 ニンニク焼(やき) 닌니꾸야끼
양배추 구이 キャベツ焼(やき) 캬베쯔야끼
파 구이 長(なが)ネギ焼(やき) 나가네기야끼
양파 구이 玉(たま)ネギ焼(やき) 타마네기야끼
피망 구이 ピーマン焼(やき) 피–망야끼
옥수수 구이 とうもろこし焼(やき) 토–모로꼬시야끼
새송이버섯 구이 エリンギ焼(やき) 에링기야끼

소고기 牛肉(ぎゅうにく) 규-니꾸

목살

肩(かた)ロース 카따로-스

소꼬리

牛(ぎゅう)テール 규-떼-르

카이노미

カイノミ 카이노미

뱃살 중에 옆구리 부분으로, 힘줄이 없고 부드러운 붉은 살코기입니다.

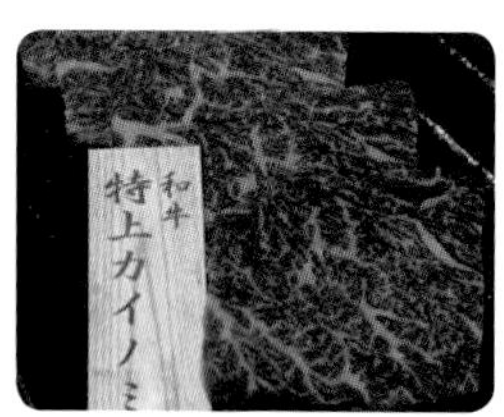

가슴살

ササミ 사사미

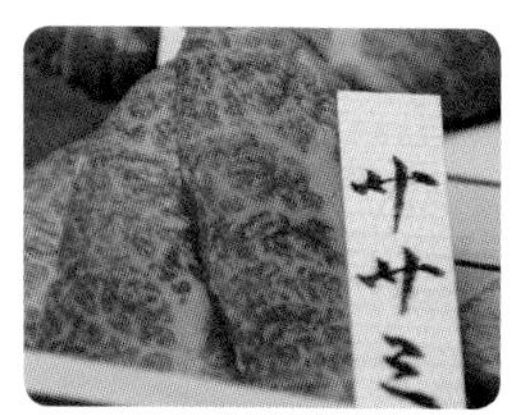

키리오토시

切(き)り落(お)とし 키리오또시

부위별 고기를 만들다가 남겨진 부분들을 모은 것으로, 각 부위를 골고루 먹어 볼 수 있어요.

곱창 구이

ホルモン焼(や)き 호르몬야끼

곱창은 일본어로 ホルモン 호르몬이라고 합니다. 일본 야키니쿠 집에서는 다양한 종류의 곱창 구이를 맛볼 수 있습니다.

내장 もつ 모쯔

위 ミノ 미노

간 レバー 레바–

염통 ハツ 하쯔

대창 マルチョウ 마르쵸–

천엽 センマイ 센마이

흉선과 췌장 쪽 부위 シビレ 시비레

동맥 コリコリ 코리꼬리

소고기 부위별 명칭

② ざぶとん とうがらし みすじ さんかく

③ 肩(かた)ロー

① タン

⑮ レバー

⑯ ミノ

① 혀 タン 탄

② 어깨등심의 심 부위 ざぶとん 자부똥

어깨 고기 とうがらし 토-가라시

부채살 みすじ 미스지

어깨등심 부위의 삼각형 부위살 さんかく 산까꾸

③ 목살 肩(かた)ロース 카따로-스

④ 꽃등심 リブロース 리브로-스

⑤ 등심 ヒレ 히레

⑥ 설로인 サーロイン 사-로인

⑦ 우둔살 ランプ 람뿌

⑧ 도가니살 イチボ 이찌보

⑨ 꼬리 テール 테-루

⑩ 대퇴부 外(そと)もも 소또모모

⑪ 안쪽 대퇴부 内(うち)もも 우찌모모

치마살 しんたま 신따마

⑫ 곱창, 대창 ホルモン 호르몬

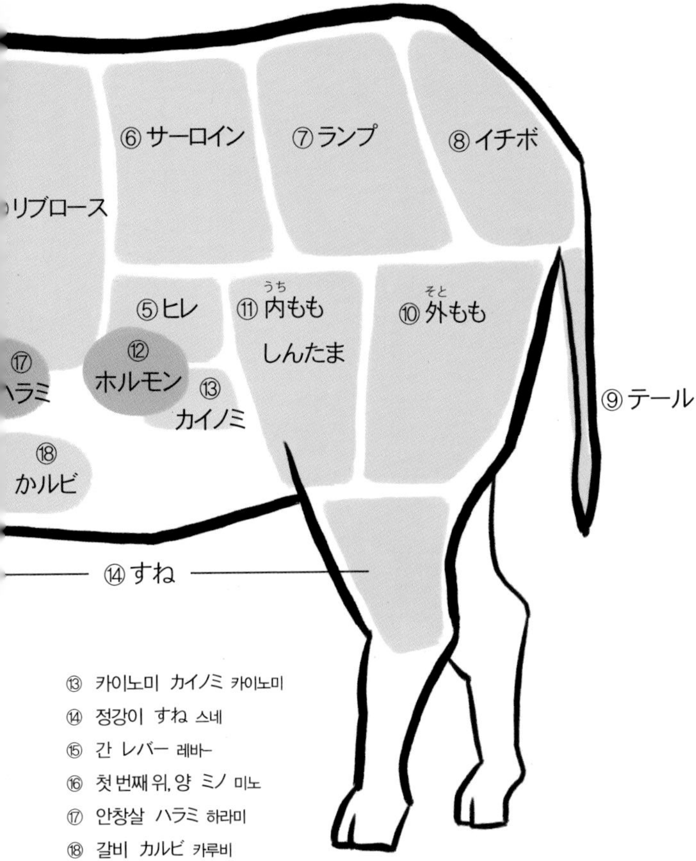

⑥サーロイン ⑦ランプ ⑧イチボ

リブロース

⑤ヒレ ⑪内(うち)もも しんたま ⑩外(そと)もも

⑰ ハラミ ⑫ ホルモン ⑬ カイノミ ⑨テール

⑱ カルビ

⑭すね

⑬ 카이노미 カイノミ 카이노미
⑭ 정강이 すね 스네
⑮ 간 レバー 레바-
⑯ 첫 번째 위, 양 ミノ 미노
⑰ 안창살 ハラミ 하라미
⑱ 갈비 カルビ 카루비

돼지고기 豚肉(ぶたにく) 부따니꾸

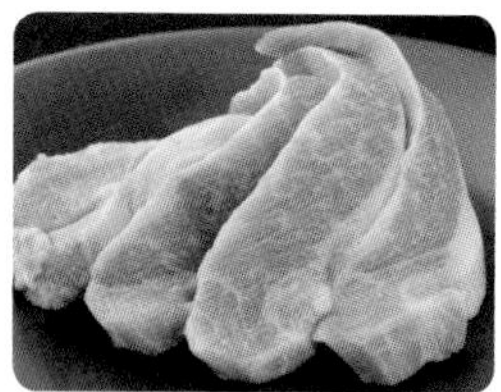

항정살

豚(とん)トロ 톤또로

삼겹살

サムギョプサル 사무교뿌사르

부위명은 豚(ぶた)バラ 부따바라인데, 한국어 발음대로 サムギョプサル 사무교뿌사르라고도 합니다.

두껍게 썬 베이컨

厚(あつ)切(ぎ)りベーコン 아쯔기리베ー꼰

돼지 곱창

豚(ぶた)ホルモン 부따호르몬

자궁 コブクロ 코부꾸로나 연골 軟骨(なんこつ) 난꼬쯔를 많이 구워 먹어요.

닭다리살

鶏(とり)もも 토리모모

살코기와 지방의 밸런스가 좋아 부드럽습니다.

가리비 구이

帆立焼(ほたてや)き 호따떼야끼

가리비 帆立貝(ほたてがい) 호따떼가이

소시지 구이

ウィンナー焼(や)き 윈나–야끼

비엔나 소시지 ウィンナー 윈나–

Tip

- 상추 **サンチュ** 상츄
- 상추쌈 **つつみチシャ** 츠쯔미찌샤
- 김치 **キムチ** 키무찌
- 나물 **ナムル** 나무루
- 냉면 **冷麺(れいめん)** 레–멘

돼지고기 부위별 명칭

② ミミ
⑤ 肩(かた)ロース
③ 豚(とん)トロ
⑩ 軟骨(なんこつ)
① タン
④ カシラニク
⑪ ハツ

① 혀 タン 탄
② 귀 ミミ 미미
③ 항정살 豚(とん)トロ 톤또로
④ 관자놀이 カシラニク 카시라니꾸
⑤ 목살 肩(かた)ロース 카따로-스
⑥ 등심 ロース 로-스
⑦ 안심 ヒレ 히레
⑧ 삼겹살 豚(ぶた)バラ 부따바라
⑨ 넓적다리 もも 모모
⑩ 물렁뼈, 연골 軟骨(なんこつ) 난꼬쯔
⑪ 염통 ハツ 하쯔

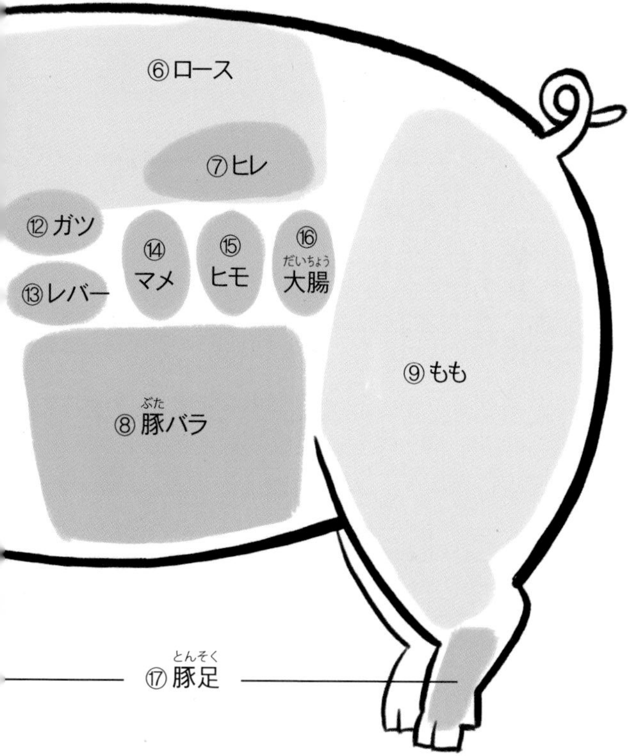

⑥ ロース

⑦ ヒレ

⑫ ガツ

⑬ レバー

⑭ マメ

⑮ ヒモ

⑯ 大腸(だいちょう)

⑨ もも

⑧ 豚(ぶた)バラ

⑰ 豚足(とんそく)

⑫ 위 ガツ 가쯔
⑬ 간 レバー 레바-
⑭ 신장 マメ 마메
⑮ 소장 ヒモ 히모
⑯ 대장 大腸(だいちょう) 다이쵸-
⑰ 족발 豚足(とんそく) 톤소꾸

뼈 붙은 갈비

骨付(ほねつ)きカルビ 호네쯔끼카루비

뼈 발라낸 갈비

中落(なかお)ちカルビ 나까오찌카루비

네기시오탕

ねぎ塩(しお)タン 네기시오딴

파와 소금, 레몬 등과 곁들여 먹는 우설(소 혀)입니다.

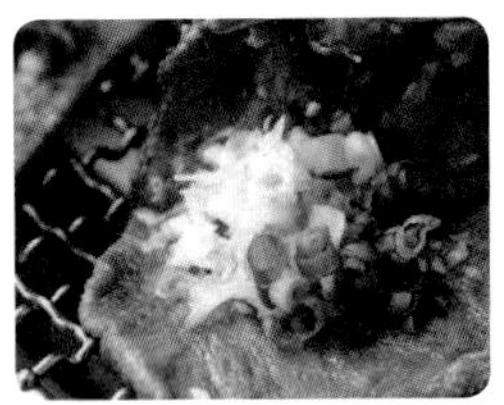

안창살 ハラミ 하라미

고급 안창살 上(じょう)ハラミ 죠-하라미

소 안창살 牛(ぎゅう)ハラミ 규-하라미

돼지 안창살 豚(ぶた)ハラミ 부따하라미

닭 안창살 鶏(にわとり)ハラミ 니와또리하라미

닭 안창살은 닭 한 마리당 10g밖에 안 나오는 부위랍니다.

타베호다이, 노미호다이란?

물가가 비싼 일본에서는 단체로 모이는 동창회나 회사 회식 등에는 '타베호다이 食(た)べ放題(ほうだい)'와 '노미호다이 飲(の)み放題(ほうだい)'를 많이 이용합니다. 타베호다이는 '먹다 たべる', 노미호다이는 '마시다 のむ'에 '맘껏'이라는 뜻의 호다이 放題(ほうだい)가 합쳐진 말이죠.

일정한 금액을 내고 마음껏 먹고 마실 수 있다는 점에서 뷔페와 흡사하지만, 타베호다이와 노미호다이는 1시간, 90분과 같이 시간제한이 있습니다. 음식과 음료 가짓수는 타베호다이와 노미호다이 코스에 따라 다릅니다. 가격이 비쌀수록 고를 수 있는 종류가 더 많죠. 모든 것을 셀프로 하는 뷔페식으로 운영하는 곳도 있지만, 주문을 하면 종업원이 직접 자리까지 음식을 가져다주는 곳도 있습니다.

타베호다이 종류는 고기부터 스시, 치킨까지 다양하고, 샤브샤브나 케이크 같은 디저트까지 타베호다이로 즐길 수 있습니다. 특히 술자리나 모임 장소로 자주 이용되는 이자카야에서도 타베호다이와 노미호다이를 운영하고 있어 술을 마음껏 마실 수 있는 노미호다이는 애주가들에게 인기입니다. 맥주에서부터 소주, 칵테일, 와인까지 다양한 주류가 구비되어 있어서 취향대로 골라 마실 수 있는 장점이 있습니다.

술과 간단한 요리를 제공하는 선술집을 이자카야 居酒屋(いざかや)라고 합니다. 보통 술을 먼저 시키고 안주는 나중에 주문합니다. 그러면 작은 그릇에 담긴 기본 안주 おとおし[오또-시]가 사람 수대로 나오는데요, 이것은 주문한 요리가 나올 때까지 술을 즐기는 손님의 입이 심심하지 않도록 배려하는 것으로, 계산할 때 기본요금 300~500엔 정도가 가산됩니다.

일본 사람들은 보통 술집에 가면 "우선 생맥주부터! とりあえず生(なま)ビール[토리아에즈 나마비-루]"라고 술을 먼저 주문합니다. 보통은 맥주로 가볍게 입가심을 한 다음 여러 가지 안주를 시키고, 각자 본인이 마시고 싶은 술을 주문하여 편하게 술자리를 즐깁니다.

이자카야

에다마메

塩(しお)茹(ゆ)で枝豆(えだまめ) 시오유데 에다마메

타코와사비

たこわさび 타꼬와사비

꼬치구이, 닭꼬치

焼(や)き鳥(とり) 야끼토리

닭 날개 구이

手羽先(てばさき) 테바사끼

열빙어 구이

子持(こもち)ししゃも 코모찌시샤모

이자카야 메뉴판

추천메뉴 BEST 5

1 에다마메

しお ゆ　えだまめ
塩茹で枝豆 시오유데 에다마메

소금물로 삶은 풋콩으로, 기본 안주로도 많이 나옵니다. 생맥주 한 잔에 에다마메를 곁들이다 보면 입맛이 돌게 되지요.

2 타코와사비

たこわさび 타꼬와사비

잘게 썰은 문어(또는 낙지)를 와사비에 절여 냉장 숙성시킨 것으로, 인기 술안주 중 하나입니다. 약간 짜지만 한국인 입맛에도 잘 맞습니다.

3 열빙어 구이

こ もち
子持ししゃも 코모찌시샤모

알을 밴 열빙어(시샤모)를 구운 안주로, 담백한 맛이 일품입니다. 일본에서는 마른안주 하면 시샤모를 꼽습니다.

4 닭 날개 구이

手羽先(てばさき) 테바사끼

手羽先(てばさき)는 '닭 날개'라는 뜻입니다. 소스를 발라 구운 기름기가 흐르는 닭 날개 구이를 한 손에 들고 술 한 잔! 더할 나위 없는 조합이지요.

5 꼬치구이, 닭꼬치

焼き鳥(やとり) 야끼토리

닭고기, 돼지고기, 소 내장, 야채 등을 꼬치에 끼워서 구운 것으로, 종류가 다양합니다. 보통은 타레(たれ) 소스를 발라 굽는데, 소금(しお) 양념을 하기도 합니다. 그럼, 닭꼬치 종류를 살펴볼까요?

허벅지살 もも 모모
닭가슴살 ささみ 사사미
껍질 かわ 카와
닭목살 せせり 세세리
엉덩이살 ぼんじり 본지리
물렁뼈 なんこつ 난꼬쯔
염통 はつ 하쯔 / こころ 코꼬로
간 きも 키모 / レバー 레바-
닭똥집 砂肝(すなぎも) 스나기모 / 砂(すな)ずり 스나즈리

모듬 절임 반찬

漬物盛り合わせ

つけもの も あ

츠께모노 모리아와세

漬物(つけもの) 츠께모노는 채소를 소금, 된장 등에 절인 것입니다.

채소 절임

お新香浅漬け 오싱꼬– 아사즈께

しんこう あさ づ

お新香(しんこう) 오싱꼬–는 야채를 소금에 가볍게 절인 것으로, 식사용 반찬뿐만 아니라 술안주로도 어울립니다.

모즈쿠스

もずく酢 모즈꾸스

す

'모즈쿠'라는 해초에 식초를 더해 새콤달콤한 맛!

임연수 구이

ホッケ焼き 홋께야끼

や

카르파치오

カルパッチョ 카르빳쵸

회나 육회 위에 소스를 뿌린 것.

게살 크림 고로케

カニクリームコロッケ

카니크리–무 코롯께

사시미 모듬

刺身盛り合わせ（さしみもりあわせ）

사시미 모리아와세

참치 다다끼

マグロのたたき 마구로노 타따끼

강한 불에서 재빨리 참치의 겉면만 익히고 속은 회의 질감을 살린 일품요리입니다. 무순 등의 야채와 드레싱을 곁들여 먹는 대표적인 술안주이지요. 사케(니혼슈) 등과 잘 어울립니다.

츠쿠네쿠시

つくね串(くし) 츠꾸네쿠시

고기 경단 꼬치. 다진 어육이나 닭고기 등에 계란, 녹말가루를 묻혀 둥글게 빚은 경단입니다.

네기마쿠시

ねぎま串(くし) 네기마쿠시

닭고기와 파 꼬치. 꼬치구이 중에 인기 넘버원 메뉴입니다.

돼지고기 김치 볶음

豚(ぶた)キムチ 부따키무찌

야키교자

焼餃子(やきぎょうざ) 야끼교-자

군만두

민물새우 튀김

かわ　　　からあ

川エビの唐揚げ 카와에비노 카라아게

강에서 잡은 작은 새우를 기름에 튀긴 후 소금을 뿌린 것으로, 바삭바삭하고 고소합니다.

두부 튀김 조림

あ　だ　とうふ

揚げ出し豆腐 아게다시토–후

기름에 튀긴 두부에 간장과 맛술로 맛을 낸 소스를 뿌린 음식입니다.

콘 버터

コーンバター 코–온바따–

옥수수에 버터를 넣고 구운 것으로, 집에서도 간단하게 만들어 먹을 수 있는 술안주죠.

가오리 지느러미 구이

あぶ　や

エイヒレの炙り焼き

에이히레노 아부리야끼

보통 마요네즈에 찍어 먹는데, 짭짤하면서도 고소합니다.

철판 볶음밥

鉄板イタめし（てっぱん） 텟빤 이따메시

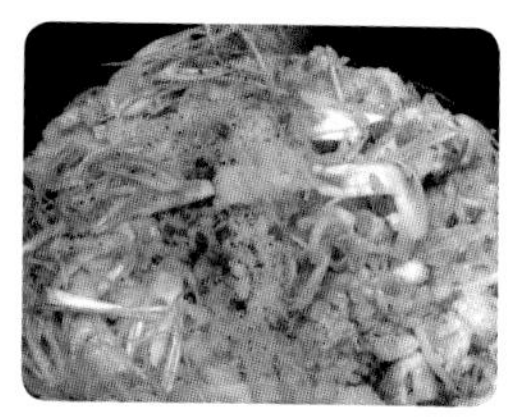

이자카야에서는 술안주뿐 아니라 철판 볶음밥, 오니기리, 오차즈케 등의 식사 메뉴도 판매하고 있습니다.

오차즈케

お茶漬け（ちゃづ） 오챠즈께

녹차에 밥을 말아 먹는 간단한 음식으로, 김이나 연어 등을 넣어 먹기도 합니다.

Tip

- 돗쿠리 **とっくり** 돗꾸리 (뜨거운 사케를 담아 마시는 작은 술병)
- 사케 술잔 **おちょこ** 오쵸꼬
- 유리잔 **グラス** 그라스
- 맥주잔 **ジョッキ** 죳끼

일본의 회식 문화

일본의 술자리는 한국에 비해 조용한 편으로, 술잔을 돌린다거나 폭탄주를 만들어 술 마시기를 강요하는 문화는 거의 없습니다. 자신이 마실 술을 각자 주문하고 주량만큼만 마시기 때문에 일행들이 각자 다른 종류의 술을 마시기도 합니다.

술을 따를 때에는 상대방의 잔이 반 정도 비면 술을 계속 마실 것인지 아닌지를 물어보고 마실 경우에 술을 가득 첨잔해 주는 것이 예의입니다.

술값을 계산할 때는 대부분 각자 부담하기 때문에 우리나라처럼 "오늘은 내가 낼게."라고 말하는 모습은 거의 볼 수 없습니다. 학생이나 샐러리맨 등 지위나 입장이 같은 사람들끼리는 보통 갹출하여 와리깡 割勘(わりかん)으로 계산하고, 생일이나 송별회 등의 경우에는 주빈을 뺀 다른 사람들이 같이 내거나 처음부터 회비제로 하는 경우도 있습니다. 선생님이나 상사, 선배 같은 윗사람과 함께 갔을 경우에는 윗사람이 돈을 더 낸다거나 대접하기도 합니다.

Tip

일본의 다양한 술

맥주 ビール 비–루 일본 맥주로는 아사히 アサヒ, 기린 キリン, 삿포로 サッポロ, 산토리 サントリー 등이 유명해요. 흑맥주 黒(くろ)ビール 쿠로비–루 병맥주 ビンビール 빙비–루 캔맥주 カンビール 칸비–루	생맥주 生(なま)ビール 나마비–루 한국에서는 500cc나 1,000cc로 주문하지만, 일본에서는 생맥주 잔 ジョッキ 죳끼의 크기로 주문합니다. 
위스키 ウイスキー 우이스끼– 독한 술은 보통 스트레이트보다 물을 타서 水割り(みずわり) 미즈와리로 마셔요. 얼음을 달라고 할 땐 こおりください 코–리 쿠다사이라고 하면 돼요.	하이볼 ハイボール 하이보–루 하이볼은 위스키에 소다수를 탄 칵테일의 일종으로, 산토리 하이볼이 유명해요.
샴페인 シャンパン 샴빵	브랜디 ブランデー 브란데–
진 ジン 진	코냑 コニャック 코냑꾸

소주

焼酎(しょうちゅう) 쇼–츄–

이자카야 메뉴판에서 한국 소주 JINRO ジンロ 진로도 흔히 볼 수 있어요.

니혼슈, 사케

日本酒(にほんしゅ) 니혼슈

차게 마시는 사케 ひや 히야

데운 사케 あつかん 아쯔깡

칵테일

カクテル 카꾸떼르

매실주

梅酒(うめしゅ) 우메슈

와인

ワイン 와인

레드 와인 赤(あか)ワイン 아까와인

화이트 와인 白(しろ)ワイン 시로와인

사워

サワー 사와–

위스키, 브랜디, 소주 등에 레몬이나 라임 주스를 넣어 신맛을 낸 칵테일.

츄하이

チューハイ 츄–하이

소주 하이볼 焼酎(しょうちゅう)ハイボール 쇼–츄–하이보–루의 준말로 소주에 탄산수를 탄 칵테일.

우롱하이

ウーロンハイ 우–롱하이

보리소주 麦焼酎(むぎしょうちゅう) 무기쇼–츄–와 우롱차 ウーロン茶(ちゃ) 우–롱차를 섞은 술.

패스트푸드점으로는 맥도날드, 서브웨이, 버거킹, KFC, 롯데리아, 모스버거 モスバーガー 등이 있고, 패밀리레스토랑으로는 가스토 ガスト, 빅쿠리돈키 びっくりドンキー, 사이제리야 サイゼリヤ, 코코스 COCO'S, 데니즈 デニーズ 등이 있습니다. 모닝 세트부터 런치, 디너까지 메뉴가 아주 다양한데, 드링크 바만 이용할 수도 있어서 일반 카페처럼 방문하기도 합니다. 또한 연중무휴에 24시간 영업하는 곳도 있기 때문에 일본 여행 중 전철이나 버스가 끊겼을 때 시간을 때우기에도 좋은 장소입니다.

패스트푸드 & 패밀리레스토랑

햄버거

ハンバーガー 함바-가-

감자튀김

ポテトフライ 포떼또후라이

이탈리안 함박스테이크

イタリアンハンバーグ 이따리안 함바-그

비프스테이크

ビーフステーキ 비-후스떼-끼

일본풍 스파게티

和風(わふう)スパゲッティ 와후-스빠겟띠

패스트푸드 & 패밀리레스토랑 메뉴

추천메뉴 BEST 3

1 이탈리안 함박스테이크 イタリアンハンバーグ
이따리안 함바-그

함박스테이크 위에 치즈가 듬뿍 올라가 있습니다. 일본 아이들이 제일 좋아하는 외식 메뉴는 함박스테이크랍니다. 부드러운 함박스테이크를 소스와 함께 먹는 기쁨은 설명이 필요 없지요.

2 비프스테이크 ビーフステーキ 비-후스떼-끼

부드러운 와규가 입안에서 살살 녹습니다. 어른들이 패밀리레스토랑에 가면 꼭 고르는 스테이크! 취향에 따라 굽기를 골라 보세요.

3 일본풍 스파게티 和風(わふう)スパゲッティ 와후-스빠겟띠

일본풍 스파게티는 깔끔한 맛을 자랑합니다. 메뉴 중에 和風(わふう) 와후가 붙은 것들을 종종 볼 수 있는데, '일본풍' 맛이라는 의미입니다.

햄버거

ハンバーガー 함바-가-

치즈 チーズ 치-즈　데리야키 デリヤキ 데리야끼

치킨 チキン 치낀　피쉬 フィッシュ 휫슈

더블 ダブル 다부르　베이컨 ベーコン 베-꼰

감자튀김

ポテトフライ 포떼또후라이

피자

ピザ 피자

마르게리타 マルゲリータ 마르게리-따

살라미 소시지 サラミ 사라미

모짜렐라 치즈 モッツァレラ 못짜레라

야채 野菜(やさい) 야사이

샐러드

サラダ 사라다

햄 ハム 하무　시저 シーザー 시-자-

새우 エビ 에비　연어 サーモン 사-몬

감자 ポテト 포떼또　씨푸드 シーフード 시-후-도

콘 스프

コーンスープ

코–온스–쁘

치킨 스테이크

チキンステーキ

치낀스떼–끼

비프 카레

ビーフカレー

비–후카레–

앙카케 고항

あんかけご飯(はん) 앙까께고항

あんかけ 앙까께는 탕수육 소스같이 녹말을 걸쭉하게 풀어놓은 소스를 끼얹은 것을 말합니다. 해산물이나 고기, 야채와 어우러지게 중식 소스를 끼얹은 일본식 덮밥이에요.

스파게티

スパゲッティ 스빠겟띠

볼로네제 ボロネーゼ 보로네-제

카르보나라 カルボナーラ 카르보나-라

미트 소스 ミートソース 미-또소-스

크림 소스 クリームソース 크리-므소-스

치킨 퀘사디아

チキンケサディーヤ

치낀 케사디-야

쉬림프 잠발라야

シュリンプジャンバラヤ

슈림쁘쟝바라야

쉬림프 멕시칸 볶음밥. 잠발라야는 스페인의 빠에야와 비슷한 미국 남부 쌀 요리입니다.

Tip

다양한 음료

소프트드링크 ソフトドリンク 소후또 도링끄

논 알코올 ノンアルコール 논 아르꼬-르

차 음료

우롱차 烏龍茶(ウーロンちゃ) 우-롱챠

홍차 紅茶(こうちゃ) 코-챠

메밀차 そば茶(ちゃ) 소바챠

보리차 麦茶(むぎちゃ) 무기챠

녹차 緑茶(りょくちゃ) 료꾸챠

과일 음료

주스 ジュース 쥬-스

오렌지 주스 オレンジジュース 오렌지쥬-스

자몽 주스 グレープフルーツジュース
그레-쁘후루-쯔쥬-스

에이드 エード 에-도

탄산음료

콜라 **コーラ** 코-라

사이다 **サイダー** 사이다-

진저에일 **ジンジャーエール** 진쟈-에-르

유제품

우유 **牛乳**(ぎゅうにゅう) 규-뉴-

요구르트 **ヨーグルト** 요-구르또

칼피스 **カルピス** 카르삐스

라시 **ラッシー** 랏씨-

샤브샤브 しゃぶしゃぶ는 얇게 썬 고기를 뜨거운 국물에 넣었을 때 나는 소리가 '샤브샤브'라고 들린다 하여 붙여진 이름입니다. 소고기와 채소를 다시마 육수 昆布(こんぶ)だし[콤부다시]에 여러 번 담가 익힌 후 폰즈 소스나 참깨 소스에 찍어 먹는 냄비 요리지요. 소고기뿐만 아니라 돼지고기, 닭고기, 복어, 문어, 대게 등과 같은 다양한 식재료를 샤브샤브로 맛볼 수 있습니다.

샤브샤브

소고기 샤브샤브

牛肉(ぎゅうにく)しゃぶしゃぶ 규-니꾸 샤브샤브

문어 샤브샤브

タコしゃぶしゃぶ 타꼬 샤브샤브

게 샤브샤브

カニしゃぶしゃぶ 카니 샤브샤브

참돔 샤브샤브

桜鯛(さくらだい)しゃぶしゃぶ 사꾸라다이 샤브샤브

두유 샤브샤브

豆乳(とうにゅう)しゃぶしゃぶ 토-뉴- 샤브샤브

샤브샤브 메뉴판

소고기 샤브샤브

ぎゅうにく
牛肉しゃぶしゃぶ

규-니꾸 샤브샤브

가장 일반적인 샤브샤브로, 인기가 가장 좋습니다.

문어 샤브샤브

タコしゃぶしゃぶ

타꼬 샤브샤브

얇게 자른 문어를 뜨거운 물에 담갔다가 먹으면 문어의 단맛이 입안에 퍼집니다. 오독오독 씹히는 식감도 매력적이에요.

게 샤브샤브

カニしゃぶしゃぶ

카니 샤브샤브

게 샤브샤브는 값비싼 고급 요리에 속합니다. 껍질을 벗긴 게 다리를 살짝 뜨거운 물에 담갔다가 먹습니다. 소스가 필요 없을 만큼 게 본연의 맛이 끝내줍니다. 마지막에 먹는 잡탕죽도 일품이죠.

참돔 샤브샤브

桜鯛(さくらだい)しゃぶしゃぶ

사꾸라다이 샤브샤브

봄에 즐길 수 있는 특별한 요리입니다. 탱탱한 육질과 기름기가 가득한 참돔의 고급스러운 맛을 즐길 수 있습니다.

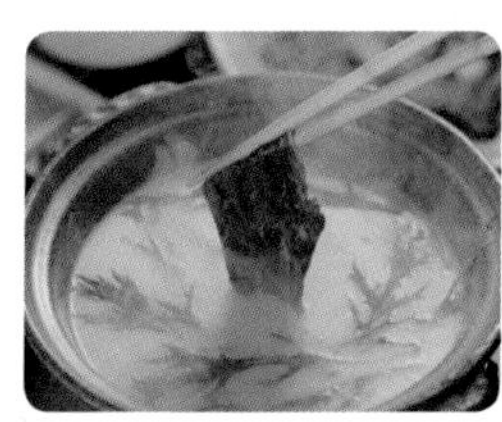

두유 샤브샤브

豆乳(とうにゅう)しゃぶしゃぶ

토-뉴- 샤브샤브

두유를 넣은 육수에 끓이는 샤브샤브. 소고기는 물론 돼지고기와도 궁합이 잘 맞습니다. 배추, 경수채, 무, 버섯 등을 넣어 먹어도 맛있습니다.

니혼슈 샤브샤브

日本酒(にほんしゅ)しゃぶしゃぶ

니혼슈 샤브샤브

니혼슈를 넣은 육수에 고기나 채소를 넣은 샤브샤브. 니혼슈가 고기와 채소의 맛을 더욱 살려 줍니다. 몸도 따뜻하게 해 주기 때문에 추운 겨울에 안성맞춤입니다.

Tip

샤브샤브에 넣어 먹는 재료

배추 白菜(はくさい) 하꾸사이	두부 豆腐(とうふ) 토-후	쑥갓 春菊(しゅんぎく) 슌기꾸
경수채 水菜(みずな) 미즈나	무 大根(だいこん) 다이꼰	닭고기 완자 鶏(とり)つみれ 토리쯔미레
우엉 ごぼう 고보-	표고버섯 しいたけ 시이따께	파 ねぎ 네기
당근 にんじん 닌징	모찌, 떡 もち 모찌	우동 うどん 우동
새우만두 海老餃子(えびぎょうざ) 에비교-자	유바 湯葉(ゆば) 유바 두유를 가열할 때 생기는 표면에 응고된 막을 말린 것.	계란죽 玉子雑炊(たまごぞうすい) 타마고조-스이

샤브샤브를 맛있게 먹는 방법

샤브샤브를 먹을 때는 고기를 너무 오래 익히면 안 됩니다. 육류 고유의 성분과 영양분이 빠져나가고 육질도 질겨지기 때문이죠. 또한 재료가 끓을 때 생기는 거품은 자주 걷어내 국물이 맑은 상태를 유지해 가며 먹습니다. 먹는 순서는 고기를 먼저 건져 먹고 난 다음에 채소를 먹는데, 이는 고기의 성분이 국물에 우러나와 채소의 맛을 한층 끌어올리기 때문입니다. 육수가 담백하므로 고기와 채소는 폰즈 소스에 찍어 먹거나, 모미지오로시 もみじおろし(무즙에 홍고추를 갈아 넣고 송송 썬 실파를 올린 것) 또는 시치미 七味(しちみ) 등을 곁들여 먹으면 풍미가 있답니다.

샤브샤브 같은 나베 요리는 건더기를 다 건져 먹고 난 후 우동이나 라멘 등의 면류를 남은 육수에 넣고 끓여 먹거나, 밥을 넣어 조우스이 雑炊(ぞうすい)를 만들어 먹는 것이 일반적입니다. 나베 요리를 먹고 나서 밥이나 면류를 넣어 먹는 것을 나베시메 鍋(なべ)しめ라고 하죠. 조우스이는 나베 요리의 남은 육수 한 컵 정도에 밥을 넣고 달걀을 풀어 넣어 만듭니다. 완성된 모습은 죽 또는 리조또와 유사하며 지역에 따라 오지야 おじや라고 부르기도 합니다.

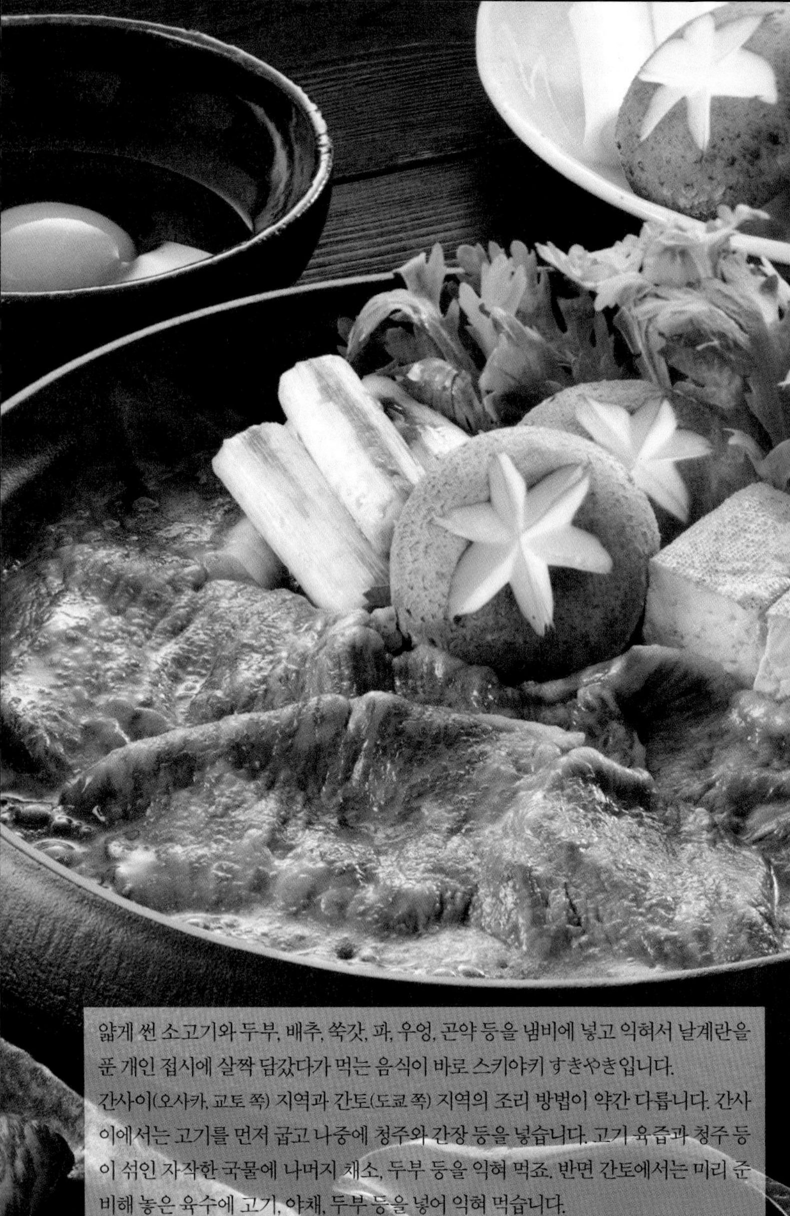

얇게 썬 소고기와 두부, 배추, 쑥갓, 파, 우엉, 곤약 등을 냄비에 넣고 익혀서 날계란을 푼 개인 접시에 살짝 담갔다가 먹는 음식이 바로 스키야키 すきやき입니다.

간사이(오사카, 교토 쪽) 지역과 간토(도쿄 쪽) 지역의 조리 방법이 약간 다릅니다. 간사이에서는 고기를 먼저 굽고 나중에 청주와 간장 등을 넣습니다. 고기 육즙과 청주 등이 섞인 자작한 국물에 나머지 채소, 두부 등을 익혀 먹죠. 반면 간토에서는 미리 준비해 놓은 육수에 고기, 야채, 두부 등을 넣어 익혀 먹습니다.

스키야키도 샤브샤브와 마찬가지로 남은 육수에 우동이나 죽을 끓여 먹습니다. 일본의 스키야키 식당에 가면 그 식당이 간사이식인지 간토식인지 살펴보세요.

스키야키

소고기

牛肉(ぎゅうにく) 규-니꾸

날계란

生卵(なまたまご) 나마타마고

구운 두부

焼(や)き豆腐(とうふ) 야끼토-후

배추

白菜(はくさい) 하꾸사이

조우스이, 죽

雑炊(ぞうすい) 조-스이

간사이식 스키야키 먹는 방법

❶ 스키야키 재료가 나옵니다.
소고기, 파, 배추, 쑥갓, 두부, 우엉, 곤약, 양파 등.

❷ 뜨겁게 데운 냄비를 소기름으로 닦고, 채끝 등심을 굽습니다.

❸ 대파를 같이 올려 향을 냅니다.

❹ 고기 위에 달콤 짭조름한 타레 소스를 뿌려 줍니다.

❺ 양파, 버섯, 우엉, 두부, 곤약 등 그밖의 재료들을 냄비 한쪽에 올립니다.

❻ 냄비에 익힌 스키야키 재료들을 계란 노른자로 만든 소스에 찍어 먹습니다.

❼ 스키야키를 다 먹은 후에는 우동을 넣어 먹거나, 밥을 넣어 조우스이 雑炊(ぞうすい)를 만들어 먹습니다.

Tip

스키야키 고기를 날계란에 찍어 먹는데 그 이유는 뭘까요?

뜨거운 고기를 바로 먹게 되면 입을 데이거나 빨리 먹을 수 없기 때문에, 날계란에 찍어 한 김 빼는 역할을 합니다. 또 계란의 부드러움이 섞여 고기의 맛이 배가되죠. 생각만큼 비린 맛은 그다지 느껴지지 않습니다.

Tip

스키야키에 넣어 먹는 재료

구운 두부	배추	양파
焼き豆腐(やとうふ) 야끼토–후	白菜(はくさい) 하꾸사이	玉ねぎ(たま) 타마네기
파	**우엉**	**쑥갓**
ねぎ 네기	ごぼう 고보–	春菊(しゅんぎく) 슌기꾸
새송이버섯	**표고버섯**	**팽이버섯**
エリンギ 에링기	しいたけ 시이따께	えのき 에노끼
실 곤약	**밀로 만든 고명**	**미나리**
しらたき 시라따끼	麩(ふ) 후 국물 요리에 넣는 재료	せり 세리

일본 가이세키 요리 즐기기

가이세키 요리 会席料理(かいせきりょうり)는 일본의 연회용 코스 요리를 뜻합니다. 일본 전통 료칸에 숙박하면 보통 저녁식사가 가이세키 요리로 나옵니다.

기본 구성은 국과 사시미, 구이, 조림입니다. 여기에 오토오시, 튀김, 찜, 무침, 스노모노 등이 나오고, 마지막에는 밥, 국, 츠케모노, 디저트 등이 나옵니다. 음식이 나오는 순서대로 천천히 음미하면서 즐기시면 됩니다.

- 오토오시 **お通(とお)し** : 기본 요리에 앞서 나오는 간단한 안주
- 스노모노 **酢(す)の物(もの)** : 식초로 양념한 요리
- 츠케모노 **漬物(つけもの)** : 채소 절임

가이세키 요리의 구성과 순서는 지역마다 차이가 있는데, 요리가 나오는 순서는 대체로 전채 요리(오토오시) → 맑은 장국 → 사시미 → 구이 → 조림 → 튀김 → 식사(밥, 미소시루, 츠케모노) → 디저트 순입니다.

사시미

구이

조림

튀김

오코노미 お好(この)み는 '기호', '좋아함', 야키 焼(や)き는 '구이'라는 뜻으로, 오코노미야키는 기호에 맞는 재료들을 철판에 구워 먹는 음식입니다. 밀가루 반죽에 고기, 오징어, 양배추, 달걀 등 본인이 좋아하는 재료를 넣고 철판에서 구운 후 오코노미야키 전용 소스와 마요네즈를 바르고 가쓰오부시를 뿌려 먹습니다. 오사카와 히로시마 등 그 지역 풍의 오코노미야키가 있기도 합니다. 지역에 따라 재료와 만드는 방법이 약간 다른 모단야키 モダン焼き와 몬자야키 もんじゃ焼き도 있습니다.

오코노미야키

오코노미야키

お好(この)み焼(や)き 오꼬노미야끼

모단야키

モダン焼(や)き 모단야끼

몬자야키

もんじゃ焼(や)き 몬자야끼

오코노미야키 메뉴판

간사이풍 오코노미야키

かん さいふう　この　や
関西風お好み焼き

칸사이후– 오꼬노미야끼

일반적으로 오코노미야키라고 하면 간사이풍 오코노미야키를 뜻합니다. 밀가루 반죽에 양배추, 참마 갈은 것, 생강 절임 등을 넣어 섞고 철판 위에서 굽습니다. 그 위에 얇은 삼겹살이나 오징어, 새우 등을 올리고 양면을 구워 마지막에 전용 소스와 마요네즈를 발라 먹습니다.

히로시마풍 오코노미야키

ひろしまふう　この　や
広島風お好み焼き

히로시마후– 오꼬노미야끼

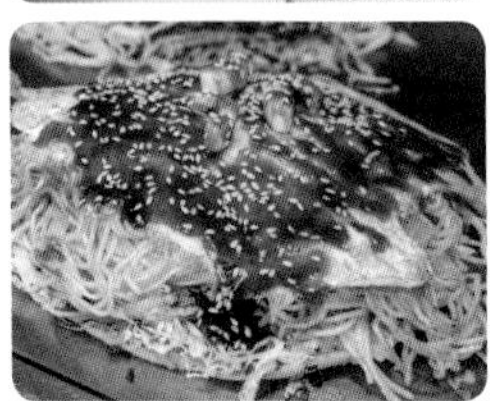

히로시마풍 오코노미야키는 밀가루 반죽을 철판 위에 얇게 펴고, 그 위에 양배추를 듬뿍 올린 후 얇은 삼겹살을 얹고 양면을 잘 구워 소스를 발라서 먹습니다. 간사이풍 오코노미야키는 밀가루 반죽과 양배추의 양이 일대일 정도인 반면에, 히로시마풍 오코노미야키는 밀가루 반죽에 비해 양배추가 약 4배 정도 더 들어가는 것이 특징입니다.

모단야키

モダン焼(や)き

모단야끼

간사이풍 오코노미야키에 중화면을 넣고 구운 것입니다. 면이 들어가 포만감이 크기 때문에 젊은이들 사이에서 인기가 높습니다.

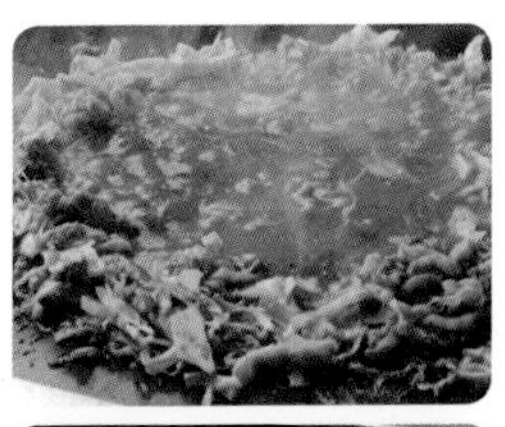

몬자야키

もんじゃ焼(や)き

몬쟈야끼

도쿄의 서민가에서 발달한 음식입니다. 양배추, 잘게 자른 돼지고기, 새우, 파, 생강 절임 등을 철판에서 굽다가 밀가루 반죽(간사이풍 오코노미야키에 비해 수분이 많음)을 붓고 잘 섞어 굽습니다. 주로 도쿄에서 많이 먹으며 간사이풍 오코노미야키에 비해 가볍게 먹을 수 있어서 좋아하는 사람들이 많죠.

Tip

오코노미야키에 넣어 먹는 재료

양배추 キャベツ 캬베쯔	파 ねぎ 네기	치즈 チーズ 치–즈
새우 えび 에비	김치 キムチ 키무찌	마요네즈 マヨネーズ 마요네–즈
오징어 いか 이까	오징어 다리 いかげそ 이까게소	문어 たこ 타꼬
베이컨 ベーコン 베–꼰	옥수수콘 コーン 코–온	모찌, 떡 もち 모찌
명란젓 明太子(めんたいこ) 멘따이꼬	생강 紅(べに)しょうが 베니쇼–가	소 힘줄 牛(ぎゅう)すじ 규–스지
가리비 ホタテ 호타테	파래 김 青海苔(あおのり) 아오노리	낫또 納豆(なっとう) 낫또–

오코노미야키 맛있게 먹는 방법

일본의 오코노미야키 전문점에 가면 보통 테이블 위에 철판이 깔려 있고, 이 철판을 중심으로 자리가 마련되어 있습니다. 점원이 직접 오코노미야키를 구워 주기 때문에 고객은 점원이 해 주는 것을 지켜보면서 오코노미야키가 완성되기를 기다리면 됩니다. 오코노미야키를 만들 때에는 코테 こて라는 조리기구를 이용하고, 먹을 때도 젓가락이 아니라 이 코테를 사용해서 먹기도 합니다.

오코노미야키와 함께 술을 마실 때는 보통 맥주나 사워 サワー(소주와 과일 음료를 혼합해서 만든 술)를 마십니다. 오사카 이외의 지역에서는 오코노미야키를 일품요리로 먹는 경우가 많은 반면, 오코노미야키를 자주 먹는 오사카에서는 오코노미야키를 하나의 반찬으로 여겨서 밥과 함께 정식(定食)으로 제공하는 가게가 많습니다.

찬바람이 부는 겨울이 되면 생각나는 다양한 전골 요리 또한 인기 만점입니다. 나베 요리 鍋料理(なべりょうり)란 일본의 냄비 요리 또는 전골 요리를 말하는데, 나베가 바로 냄비를 뜻합니다. 다양한 재료를 한 냄비에 끓여서 개인 접시나 폰즈 소스, 타레 소스 등을 넣은 작은 사발에 덜어서 먹는데, 일인용 냄비에 끓였을 때는 덜지 않고 냄비에서 바로 집어 먹기도 합니다. 가이세키 요리에서는 작은 냄비에 1인분씩 나오기도 합니다.

나베 요리

앙코 나베

鮟鱇鍋(あんこうなべ) 앙꼬-나베

창코 나베

ちゃんこ鍋(なべ) 챵꼬나베

모츠 나베

もつ鍋(なべ) 모쯔나베

요세 나베

寄(よ)せ鍋(なべ) 요세나베

밀푀유 나베

ミルフィーユ鍋(なべ) 미르휘-유나베

나베 요리 메뉴판

추천메뉴 BEST 3

1 앙코 나베 鮟鱇鍋(あんこうなべ) 앙꼬-나베

아귀탕입니다. 우리나라에서는 아귀를 찜 요리로 많이 먹는 데 반해, 일본에서는 주로 맑게 끓인 탕으로 만들어서 야채를 곁들여 폰즈 소스에 찍어 먹습니다. 일본에서는 아귀 자체가 귀해서 고급 요리에 속합니다.

2 창코 나베 ちゃんこ鍋(なべ) 챵꼬나베

스모 선수들이 즐겨먹는 요리로 알려져 있습니다. 생선, 고기, 야채 등을 큼직하게 썰어 넣고 끓인 스테미너식이랍니다. 마지막으로 국물에 우동을 넣어서 먹으면 최고지요.

3 모츠 나베 もつ鍋(なべ) 모쯔나베

곱창전골인데, 후쿠오카 지역의 명물로 유명합니다. 모츠 나베는 매콤한 한국의 곱창전골과는 다른 담백한 맛이에요. 부추가 많이 들어가는 것이 특징입니다.

우동스키 うどんすき 우동스끼

굵은 우동과 함께 새우, 모찌, 어묵, 두부, 야채, 닭고기 등을 넣어서 끓여 먹는 나베 요리입니다.

미즈다키 水炊き(みずだ) 미즈다끼

백숙과도 비슷합니다. 뼈째로 큼직하게 썬 닭고기를 소금물에 푹 끓이다가 초간장으로 간을 한 나베 요리로, 향신료로 단풍잎이나 말린 파 등을 넣기도 합니다.

치리 나베 ちり鍋(なべ) 치리나베

흰 살 생선과 채소 등을 넣고 끓인 맑은 국물의 나베 요리입니다. 폰즈 소스에 찍어 먹습니다.

이시카리 나베 石狩鍋(いしかりなべ) 이시까리나베

연어탕. 연어를 주재료로 해서 야채를 넣고 끓인 것입니다.

규 나베

ぎゅうなべ
牛鍋 규—나베

소고기 찌개

오야코 나베

おやこなべ
親子鍋 오야꼬나베

닭 · 계란 찌개

카키 나베

なべ
かき鍋 카끼나베

굴탕

사쿠라 나베

さくらなべ
桜鍋 사꾸라나베

말고기 전골

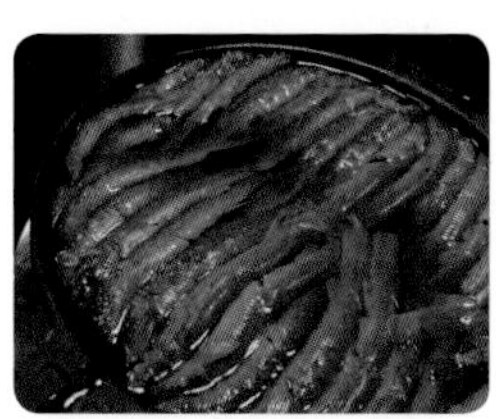

도죠 나베

どじょうなべ

泥鰌鍋 도죠–나베

추어탕

하마구리 나베

なべ

はまぐり鍋 하마구리나베

대합조개탕

요세 나베

よ　なべ

寄せ鍋 요세나베

닭고기, 어패류, 가마보코, 야채, 두부 등 여러 가지 재료를 넣은 모듬 냄비 요리입니다.

밀푀유 나베

なべ

ミルフィーユ鍋 미르휘–유나베

밀푀유는 여러 층의 파이로 되어 있는 프랑스 디저트이지요. 전골 냄비에 배추와 소고기를 밀푀유처럼 겹겹이 담아서 색감도 예쁘고 근사합니다. 배추와 고기를 같이 소스에 찍어 먹습니다.

일본은 세계 3위의 커피 소비국입니다. 스타벅스와 같은 프랜차이즈 커피 전문점들도 많고, 일본 자체 브랜드인 도토루 DOUTOR와 고메다 コメダ珈琲店도 쉽게 볼 수 있죠. 또한, 편의점에도 커피머신이 있어서 질 좋은 커피를 100엔대의 저렴한 가격에 즐길 수 있습니다. 도쿄에는 커피 탐방 コーヒーめぐり[코-히- 메구리]를 갈 정도로 크고 작은 카페들이 많은데요, 일본의 고즈넉한 카페에서 취향에 맞는 커피를 마시며 여행의 피로를 풀어 보면 어떨까요?

카페

아메리카노

アメリカン・コーヒー 아메리깐코-히-

카페라떼

カフェラテ 카훼라떼

카페모카

カフェモカ 카훼모까

카푸치노

カプチーノ 카뿌찌-노

에스프레소

エスプレッソ 에스쁘렛소

카페 메뉴판

추천메뉴 BEST 3

1 아메리카노 アメリカン・コーヒー

아메리깐코-히-

보통 카페 메뉴판에는 카페 아메리카노 カフェアメリカーノ 카훼아메리까-노, 아메리칸 커피 アメリカン・コーヒー로 표기되어 있습니다. 카페마다 블렌딩한 커피 ブレンド・コーヒー 브렌도코-히-도 있어서 짙고 산미를 선호하는 일본의 진한 커피를 맛볼 수 있어요.

2 아이스 커피 アイスコーヒー 아이스코-히-

아이스커피의 맛 또한 한국보다 진한 편인데, 얼음이 녹으면서 커피의 진한 맛에서 부드러운 맛까지 골고루 느껴 보세요. 커피숍 메뉴에 アイス 아이스가 있으면 차가운 음료라는 뜻입니다. 반대로 따듯한 음료는 ホット 홋또.

3 드립 커피 ドリップコーヒー 도립뿌코-히-

커피 산지에 따른 다양한 원두에 드립 방법에 따라, 어떤 사람이 내려 주는가에 따라 달라지는 드립 커피의 맛과 향을 즐겨 보세요.

콜롬비아 コロンビア 코롬비아

브라질 ブラジル 브라지르

과테말라 グァテマラ 과떼마라

블루마운틴 ブルーマウンテン 브루-마운뗀

킬리만자로 キリマンジャロ 키리만쟈로

에스프레소

エスプレッソ 에스쁘렛소

카페라떼

カフェラテ 카훼라떼

카페모카

カフェモカ 카훼모까

카푸치노

カプチーノ 카뿌찌-노

더치 커피
ダッチコーヒー 닷찌코-히-

캬라멜 마끼아또
キャラメルマキアート
캬라메르마끼아-또

아포가토
アフォガート 아훠가-또

Tip

커피는 '코오히이'

珈琲
コーヒー

커피는 일본어로 '코오히이'라고 발음합니다. 일본 사람에게 '코피'라고 말하면 복사(copy)라는 단어로 오해할 수 있으니 주의하세요. 커피는 보통 コーヒー라고 쓰는데, 한자로는 珈琲라고 씁니다. 카페 간판에 珈琲라고 적혀 있는 곳들이 많으니 한자도 같이 기억해 두세요.

핫초코

ホットチョコ 홋또쵸꼬

녹차

りょくちゃ
緑茶 료꾸챠

센차 煎茶(せんちゃ) 센챠

말차 抹茶(まっちゃ) 맛챠

티백 ティーバッグ 티-박그

홍차

こうちゃ
紅茶 코-챠

다즐링 ダージリン 다-지링

로얄밀크티 ロイヤルミルクティー 로이야르미르끄티-

유자차

ゆ ず ちゃ
柚子茶 유즈챠

허브티

ハーブティー 하-브티-

얼그레이 アールグレイ 아-르그레-

카모마일 カモミール 카모미-르

레몬그라스 レモングラス 레몬그라스

루이보스 ルイボス 루이보스

페퍼민트 ペパーミント 페빠-민또

라벤더 ラベンダー 라벤다-

민트시트러스 ミントシトラス 민또시또라스

로즈힙 ローズヒップ 로-즈힙쁘

아이스티

アイスティー 아이스티-

레몬 レモン 레몬

복숭아 ピーチ 피-찌

딸기 ストロベリー 스또로베리-

사과 アップル 압쁘르

레모네이드

レモネード 레모네-도

요거트

ヨーグルト 요-구르또

마시는 요거트 のむヨーグルト 노무요-구르또

플레인 プレーン 프레-엔

라즈베리 ラズベリー 라즈베리-

블루베리 ブルーベリー 브루-베리-

스무디

スムージー 스무-지-

주스

ジュース 쥬-스

오렌지 オレンジ 오렌지

망고 マンゴー 망고-

키위 キウィ 키위

바나나 バナナ 바나나

당근 キャロット 캬롯또

파인애플 パイナップル 파이납뿌루

딸기 イチゴ 이찌고 / ストロベリー 스또로베리-

커피숍에서

카페라떼 하나 주세요.

カフェラテひとつください。

카훼라떼 히또쯔 쿠다사이

아메리카노랑 카푸치노 주세요.

アメリカーノとカプチーノください。

아메리까-노또 카뿌찌-노 쿠다사이

따뜻한 커피 스몰 사이즈 하나 주세요.

ホットコーヒーのS(エス)をひとつください。

홋또코-히-노 에스오 히또쯔 쿠다사이

아이스로 주세요.

アイスでお願(ねが)いします。

아이스데 오네가이시마스

커피는 연하게 해 주세요.

コーヒーは薄(うす)めでお願(ねが)いします。

코-히-와 우스메데 오네가이시마스

샷 추가해 주세요.

ショット追加(ついか)してください。

숏또 츠이까시떼 쿠다사이

휘핑크림은 빼 주세요.

ホイップクリームは乗(の)せないでください。

호입뿌크리-므와 노세나이데 쿠다사이

시럽은 빼 주세요.

シロップは抜(ぬ)いてください。

시롭뿌와 누이떼 쿠다사이

뜨거운, 핫 ホット 홋또 **차가운, 아이스** アイス 아이스 **샷 추가** ショット追加(ついか) 숏또츠이까 **휘핑크림** ホイップクリーム 호입뿌크리-므 **물** お水(みず) 오미즈

크레이프 가게 앞에 사람들이 길게 줄을 서거나 유명 빵집에서 그날 준비된 제품들이 금세 매진되는 일은 일본에서 쉽게 볼 수 있는 모습입니다. 일본은 우리나라보다 빵, 케이크, 과자 등이 발달해 있고, 맛도 좋지만 모양도 예뻐서 먹기가 아까운 디저트들도 많답니다. 백화점 지하층에 가 보면 다양한 디저트들을 볼 수 있는데, 디저트의 인기가 백화점 매출에도 영향을 줄 정도라고 하니 그 인기가 대단하죠? 여행 중에 간식으로도 즐겨 먹고, 선물용으로도 인기 만점인 디저트류를 살펴보겠습니다.

빵 & 디저트

말차 소프트아이스크림

抹茶(まっちゃ)ソフトクリーム 맛차 소후또크리-므

크레이프

クレープ 크레-쁘

팬케이크

パンケーキ 판케-끼

케이크

ケーキ 케-끼

빙수

かき氷(ごおり) 카끼고-리

빵 & 디저트 메뉴판

추천메뉴 BEST 5

1 말차 소프트아이스크림 抹茶(まっちゃ)ソフトクリーム

맛챠 소후또크리-므

말차는 가루로 된 녹차로, 녹차보다 맛과 향이 진합니다. 요즘은 우리나라에도 말차 초콜릿나 아이스크림, 케이크 등이 인기인데요, 일본의 말차 제품은 더욱 맛이 진하답니다. 편의점에서도 쉽게 찾을 수 있으니 일본에 가시면 꼭 한 번 말차 아이스크림을 맛보세요.

2 크레이프 クレープ 크레-쁘

달콤한 크레이프에 단맛을 내는 다양한 재료들을 넣어서 살짝 말아서 먹으면 행복 그 자체죠.

딸기 いちご 이찌고	바나나 バナナ 바나나
초콜릿 チョコ 쵸꼬	캬라멜 キャラメル 캬라메루
블루베리 ブルーベリー 브루-베리	꿀 ハチミツ 하찌미쯔
생크림 生(なま)クリーム 나마크리-무	커스터드 カスタード 카스따-도

3 팬케이크 パンケーキ 판케-끼

팬케이크 전문점도 많이 생기면서 디저트계의 다크호스라고 할 수 있습니다. 메이플 시럽, 버터, 땅콩버터, 계피 가루를 첨가해 먹거나 생크림에 블루베리, 딸기, 바나나와 같은 과일을 올려 먹기도 합니다.

4 조각 케이크 ショートケーキ 쇼–또케–끼

딸기 케이크 いちごケーキ 이찌고케–끼

치즈 케이크 チーズケーキ 치즈케–끼

시폰 케이크 シフォンケーキ 시훤케–끼

티라미수 ティラミス 티라미스

생크림 케이크 生(なま)クリームケーキ 나마크리–무케–끼

5 빙수 かき氷(ごおり) 카끼고–리

일본 빙수는 곱게 간 얼음에 시럽을 뿌려 먹는 형태인데요, 딸기, 레몬, 멜론 등의 시럽을 뿌린 것이 인기가 있습니다. 한국의 팥빙수처럼 팥, 연유, 떡, 미숫가루 등 여러 가지 토핑이 올라간 모습과는 조금 다르지만, 최근에는 과일이나 아이스크림 등을 올리기도 합니다. 여름밤의 축제나 불꽃놀이 등의 행사가 열릴 때 쉽게 접할 수 있습니다.

단팥빵

あんパン 앙빵

카레빵

カレーパン 카레-빵

크림빵

クリームパン 크리-므빵

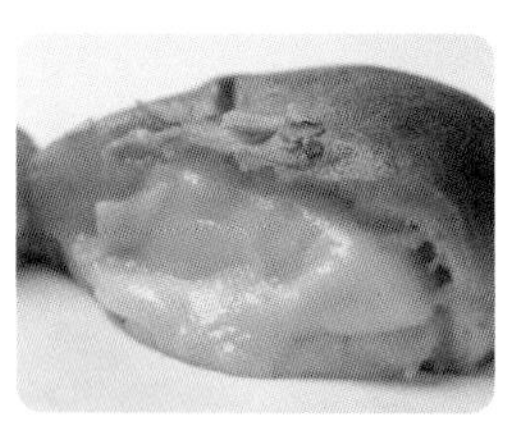

메론빵

メロンパン 메론빵

일본인들이 좋아하는 빵 중에 하나예요.

고로케

コロッケ 코롯께

소고기 ビーフ 비-후

카레 カレー 카레-

새우 えび 에비

게살 크림 かにクリーム 카니크리-무

샐러드빵

サラダ パン 사라다빵

마늘빵

ガーリックパン 가-릭끄빵

식빵

食(しょく)パン 쇼꾸빵

바게트

バゲット 바겟또

도너츠

ドーナツ 도-나쯔

베이글

ベーグル 베-그르

참깨 セサミ 세사미

양파 オニオン 오니온

블루베리 ブルーベリー 브루-베리-

크로와상

クロワッサン 크로왓상

머핀

マフィン 마휜

카스테라

カステラ 카스떼라

나가사키 카스테라 長崎(ながさき)カステラ
나가사끼 카스떼라

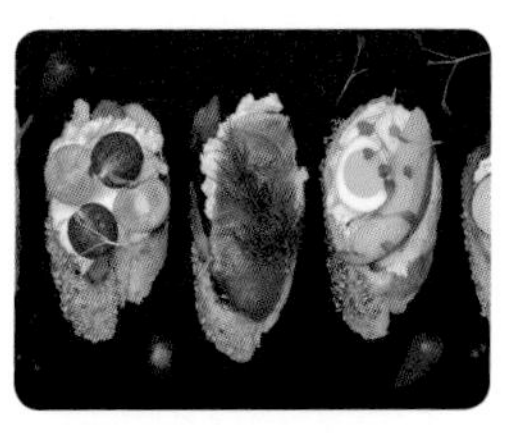

카나페

カナッペ 카낫뻬

와플

ワッフル 왓후르

초코 チョコ 쵸꼬

아몬드 アーモンド 아-몬도

시나몬 シナモン 시나몬

메이플 メープル 메-뿌르

마들렌

マドレーヌ 마도레–누

파니니

パニーニ 파니–니

치즈 퐁듀

チーズフォンデュ 치–즈훤듀

에그 베네딕트

エッグ ベネディクト

엑그베네딕끄또

파운드케이크

パウンドケーキ 파운도케–끼

롤 케이크

ロールケーキ 로–르케–끼

모찌롤 もちロール 모찌로–르

컵 케이크

カップケーキ 캅뿌케–끼

수플레

スフレ 스후레

슈크림

シュークリーム 슈-크리-므

바움쿠헨

バウムクーヘン 바우므꾸-헨

몽블랑

モンブラン 몽브랑

타르트

タルト 타르또

마카롱

マカロン 마까롱

센베이

せんべい 센베–

가키노타네

かき　たね
柿の種 카끼노타네

감의 씨 모양으로, 매운 맛을 첨가한 과자.

다이후쿠

だい ふく
大福 다이후꾸

말랑말랑한 찹쌀떡 안에 팥소 등이 들어 있어요.

딸기 찹쌀떡 いちご大福(だいふく) 이찌고다이후꾸

찰떡아이스 雪見(ゆきみ)だいふく 유끼미다이후꾸

당고

だんご 당고

양갱

羊羹(ようかん) 요–깡

도라야키

どら焼(や)**き** 도라야끼

부드러운 빵 안에 팥이 들어 있습니다.

안미츠

あんみつ 안미쯔

팥 위에 과일, 모찌, 젤리, 아이스크림 등이 올려져 나오는데, 우리나라 팥빙수와도 조금 비슷합니다.

단팥죽

ぜんざい 젠자이

모찌가 들어 있는 단팥죽. 차갑게 해서 먹기도 합니다.

안닌도후

杏仁豆腐(あんにんとうふ) 안닌토-후

두부 젤리. 푸딩과 비슷해요.

추천! 선물용 디저트

- 도쿄 바나나 **東京(とうきょう)ばな奈(な)** 토-꾜-바나나
- 로이스 생 초콜릿 **ロイズ生(なま)チョコレート** 로이즈 나마쵸꼬레-또
- 히요코 만주 **ひよ子(こ)** 히요꼬
- 나가사키 카스테라 **長崎(ながさき)カステラ** 나가사끼 카스떼라
- 딸기 찹쌀떡 **いちご大福(だいふく)** 이찌고 다이후꾸
- 곤약 젤리 **蒟蒻畑(こんにゃくばたけ)** 콘냐꾸바따께

KIRIN

이것만은 알고 가자!
식당에서 필요한
기본 회화 & 단어

식당에서 필요한 기본 회화

MP3 05

몇 분이세요?

なん めい さま
何名様ですか。

난메이사마데스까

두 명이에요.

ふたりです。

후따리데스

한 명 **ひとり** 히또리 / 세 명 **さんにん** 산닝

네 명 **よにん** 요닝 / 다섯 명 **ごにん** 고닝

금연석으로 주세요.

きん えん せき
禁煙席にしてください。

킹엔세끼니 시떼 쿠다사이

흡연석 **喫煙席**(きつえんせき) 키쯔엔세끼

창가 자리 **窓際**(まどぎわ)**の席**(せき) 마도기와노세끼

안쪽 자리 **奥**(おく)**のほうの席**(せき) 오꾸노호–노세끼

카운터 자리 **カウンター席**(せき) 카운따–세끼

얼마나 기다려야 하죠?

どのくらい待(ま)ちますか。

도노꾸라이 마찌마스까

이쪽으로 오세요.

こちらへどうぞ。

고찌라에 도-조

메뉴판 주세요.

メニューを見(み)せてください。

메뉴-오 미세떼 쿠다사이

한국어로 된 메뉴판 있습니까?

韓国語(かんこくご)のメニューはありますか。

캉꼬꾸고노 메뉴-와 아리마스까

저기요.

あのう、すみません。

아노- 스미마셍

주문하시겠습니까?

ご注文(ちゅうもん)はお決(き)まりですか。

고츄–몽와 오끼마리데스까

주문 받아 주세요.

注文(ちゅうもん)お願(ねが)いします。

츄–몽 오네가이시마스

추천할 만한 음식은 뭡니까?

おすすめ料理(りょうり)は何(なん)ですか。

오스스메료–리와 난데스까

이걸로 할게요.

これにします。

코레니 시마스

같은 것으로 주세요.

同(おな)じものをください。

오나지모노오 쿠다사이

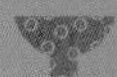

와사비는 빼 주세요.

ワサビは抜(ぬ)いてください。

와사비와 누이떼 쿠다사이

마늘 にんにく 닌니꾸 양파 玉(たま)ねぎ 타마네기

오이 キュウリ 큐-리

젓가락을 떨어뜨렸어요.

はしを落(お)としました。

하시오 오또시마시따

숟가락 주세요.

スプーンお願(ねが)いします。

스뿌운 오네가이시마스

포크 フォーク 훠-끄 / 나무젓가락 わりばし 와리바시

접시 おさら 오사라 / 빨대 ストロー 스또로-

물 みず 미즈 / 휴지 ティッシュ 팃슈 / 소스 ソース 소-스

이건 어떤 요리인가요?

これはどんな料理(りょうり)ですか。

코레와 돈나 료-리데스까

이거 하나 더 주세요.

これをもうひとつください。

코레오 모-히또쯔 쿠다사이

더 필요하신 건 없습니까?

他(ほか)のものは、よろしいでしょうか。

호까노모노와 요로시이데쇼-까

이것 좀 치워 주세요.

これを片付(かたづ)けてください。

코레오 카따즈께떼 쿠다사이

저기요, 계산할게요.

すみません、お会計(かいけい)お願(ねが)いします。

스미마셍 오카이께- 오네가이시마스

계산서 주세요.

お勘定(かんじょう)お願(ねが)いします。

오깐죠- 오네가이시마스

얼마예요?

いくらですか。

이꾸라데스까

전부 합해서 6천엔입니다.

全部(ぜんぶ)で6,000円(ろくせんえん)でございます。

젠부데 록셍엔데 고자이마스

맛있었어요.

おいしかったです。

오이시깟따데스

잘 먹었습니다.

ごちそうさまでした。

고찌소-사마데시따

식당에서 필요한 단어

MP3 06

육류

일본산 소고기	**和牛**(わぎゅう) 와규–
일본산 흑우	**黒毛和牛**(くろげわぎゅう) 쿠로게와규–
갈비	**カルビ** 카루비
안심	**ロース** 로–스
등심	**ヒレ** 히레
설로인	**サーロイン** 사–로인
안창살	**ハラミ** 하라미
소꼬리	**牛**(ぎゅう)**テール** 규–테–루
간	**レバー** 레바–
육회	**ユッケ** 육께 **肉刺**(にくさ)**し** 니꾸사시

곱창	ホルモン 호르몬 *내장 もつ 모쯔
돼지고기	豚肉(ぶたにく) 부따니꾸
삼겹살	豚(ぶた)バラ 부따바라
램, 어린 양고기	ラム 라무
양고기	羊肉(ひつじにく) 히쯔지니꾸
말고기	馬肉(ばにく) 바니꾸
말고기 회	馬刺(ばさ)し 바사시
닭고기	鶏肉(とりにく) 토리니꾸 チキン 치낀
가슴살	胸肉(むねにく) 무네니꾸
날개살	手羽肉(てばにく) 테바니꾸
닭날개	手羽先(てばさき) 테바사끼

닭다리	鳥(とり)もも	토리모모
닭껍질	鳥皮(とりかわ)	토리까와
닭똥집	砂肝(すなぎも)	스나기모
물렁뼈	軟骨(なんこつ)	난꼬쯔
토종닭	地鶏(じどり)	지도리
오골계	烏骨鶏(うこっけい)	우꼿께–
칠면조	七面鳥(しちめんちょう)	시찌멘쵸–
오리	カモ	카모
집오리	アヒル	아히루
꿩	キジ	키지
푸아그라, 거위 간	フォアグラ	훠아구라

MP3 07

생선 / 조개 / 해산물

연어	サケ / さけ / 鮭 사께 サーモン 사–몬
전갱이	アジ / あじ / 鯵 아지
참치, 다랑어	マグロ / まぐろ / 鮪 마구로
도미	タイ / たい / 鯛 타이
고등어	サバ / さば / 鯖 사바
꽁치	サンマ / さんま / 秋刀魚 삼마
가다랑어	カツオ / かつお / 鰹 카쯔오
광어, 넙치	ヒラメ / ひらめ / 平目 히라메
가자미	カレイ / かれい 카레–
대구	タラ / たら / 鱈 타라

명태	スケトウダラ / すけとうだら 스께또-다라
학꽁치, 침어	サヨリ / さより 사요리
정어리	イワシ / いわし / 鰯 이와시
방어	ブリ / ぶり / 鰤 부리
새끼 방어	ハマチ / はまち 하마찌 *간토 지방(도쿄 쪽)에서는 양식 방어를 뜻하기도 해요.
잿방어	カンパチ / かんぱち 캄빠찌
전어	コハダ / こはだ 코하다
삼치	サワラ / さわら / 鰆 사와라
우럭	クロソイ / くろそい 쿠로소이
임연수어	ホッケ / ほっけ 홋께
날치	トビウオ / とびうお 토비우오

갈치	タチウオ / たちうお / 太刀魚 타찌우오
보리멸	キス / きす 키스
농어	スズキ / すずき 스즈끼
숭어	ボラ / ぼら 보라
상어	サメ / さめ / 鮫 사메
뱀장어	ウナギ / うなぎ / 鰻 우나기
붕장어	アナゴ / あなご 아나고
갯장어	ハモ / はも 하모
아귀	アンコウ / あんこう 앙꼬–
가오리	エイ / えい 에이
복어	フグ / ふぐ 후구
잉어	コイ / こい / 鯉 코이

은어	アユ / あゆ 아유
송어	マス / ます 마스
붕어	フナ / ふな / 鮒 후나
메기	ナマズ / なまず 나마즈
미꾸라지	ドジョウ / どじょう 도죠-
조개	貝(かい) 카이
대합	ハマグリ / はまぐり 하마구리
모시조개, 바지락	アサリ / あさり 아사리
가막조개, 재첩	シジミ / しじみ 시지미
전복	アワビ / あわび / 鮑 아와비
소라	サザエ / さざえ 사자에
굴	カキ / かき / 牡蠣 카끼

가리비	ホタテガイ / ほたてがい / 帆立貝 호따떼가이
키조개	タイラガイ / たいらがい 타이라가이
홍합	ムール貝(がい) 무-루가이
멍게	ホヤ / ほや 호야
피조개	アカガイ / あかがい / 赤貝 아까가이
새조개	トリガイ / とりがい 토리가이
오징어	イカ / いか 이까
문어	タコ / たこ 타꼬
주꾸미	イイダコ / いいだこ 이이다꼬
게	カニ / かに 카니
꽃게	ワタリガニ / わたりがに 와따리가니

대게	ズワイガニ / ずわいがに	즈와이가니
털게	毛(け)ガニ	케가니
새우	エビ / えび / 海老	에비
단새우	アマエビ / あまえび / 甘海老	아마에비
왕새우, 닭새우	伊勢(いせ)エビ	이세에비
보리새우	クルマエビ / くるまえび	쿠루마에비
바닷가재	ロブスター	로부스따–
갯가재	シャコ / しゃこ	샤꼬
해삼	ナマコ / なまこ / 海鼠	나마꼬
해파리	クラゲ / くらげ	쿠라게
자라	スッポン / すっぽん	슷뽕
해초	海草(かいそう)	카이소–

미역	ワカメ / わかめ 와까메	
다시마	コンブ / こんぶ / 昆布 콤부	
녹미채, 톳	ヒジキ / ひじき 히지끼	
큰실말	モズク / もずく 모즈꾸	
김	海苔(のり) 노리	
물고기 알	魚卵(ぎょらん) 교랑 魚(さかな)の卵(たまご) 사까나노 타마고	
명란젓	明太子(めんたいこ) 멘따이꼬	
연어 알젓	筋子(すじこ) 스지꼬 *통째로 소금에 절인 것.	
연어알	イクラ / いくら 이꾸라 *한 알씩 풀어서 소금에 절인 것.	
성게알	ウニ / うに / 海栗 우니	
캐비아	キャビア 캬비아	

MP3 08

채소 / 버섯

배추	白菜(はくさい) 하꾸사이
양배추	キャベツ 캬베쯔
양상추	レタス 레따스
긴 무	大根(だいこん) 다이꼰
순무	かぶ 카부
죽순	たけのこ 타께노꼬
감자	じゃがいも 자가이모
고구마	さつまいも 사쯔마이모
토란	さといも 사또이모
참마	やまいも 야마이모
당근	にんじん 닌징

호박	カボチャ 카보챠
연근	れんこん 렝꼰
우엉	ごぼう 고보–
아스파라거스	アスパラガス 아스빠라가스
오이	きゅうり 큐–리
가지	なす 나스
피망	ピーマン 피–망
옥수수	とうもろこし 토–모로꼬시
브로콜리	ブロッコリー 브록꼬리–
파	ねぎ 네기
양파	たまねぎ 타마네기
마늘	にんにく 닌니꾸

시금치	ほうれんそう	호−렌소−
숙주나물	もやし	모야시
쑥갓	しゅんぎく	슌기꾸
부추	にら	니라
미나리	せり	세리
버섯	キノコ	키노꼬
표고버섯	しいたけ	시이따께
송이버섯	まつたけ	마쯔따께
새송이버섯	エリンギ	에링기
맛버섯	ナメコ	나메꼬
양송이	マッシュルーム	맛슈루−무
송로버섯	トリュフ	토류후

MP3 09

맛과 추천 표시

맛있다	おいしい 오이시– うまい 우마이
맛있음	旨(うま) 우마
특히 맛있음	極旨(ごくうま) 고꾸우마
완전 맛있음	激(げき)うま 게끼우마
특상	特上(とくじょう) 토꾸죠–
극상	極上(ごくじょう) 고꾸죠–
특선	特選(とくせん) 토꾸센
추천	おすすめ 오스스메
명물	名物(めいぶつ) 메–부쯔